BEYERLIN

BLEILOT, BRECHEISEN ODER WAS SONST?

ORBIS BIBLICUS ET ORIENTALIS

Im Auftrag des Biblischen Instituts der Universität
Freiburg Schweiz
des Seminars für biblische Zeitgeschichte
der Universität Münster i. W.
und der Schweizerischen Gesellschaft
für orientalische Altertumswissenschaft
herausgegeben von
Othmar Keel
unter Mitarbeit von Erich Zenger und Albert de Pury

Zum Autor:

Jahrgang 1929, o. Professor für Altes Testament von 1963 bis 1973 in Kiel, seither an der Universität zu Münster. Studierte in Tübingen, Göttingen, Basel und Edinburgh. War zunächst im kirchlichen Dienst. Wurde 1956 in Tübingen promoviert auf Grund einer traditionsgeschichtlichen Untersuchung der Prophetie des Micha (FRLANT 72, 1959). Habilitierte sich 1960, gleichfalls in Tübingen, mit der Abhandlung «Herkunft und Geschichte der ältesten Sinaitraditionen» (1961). Neben Arbeiten zu Geschichtserzählungen veröffentlichte er Psalmenstudien: zu den Feindpsalmen (FRLANT 99, 1970), zum 126. Psalm (SBS 89, 1978), zum 107. Psalm (BWANT 111, 1980), zum 131. Psalm (SBS 108, 1982), zum 15. Psalm (BThSt 9, 1985) sowie zum 125. Psalm (OBO 68, 1985). Auch ist er Herausgeber der «Grundrisse zum Alten Testament», im besonderen eines religionsgeschichtlichen Textbuchs (ATD. E 1, 1975, 2.A. 1985).

ORBIS BIBLICUS ET ORIENTALIS 81

WALTER BEYERLIN

BLEILOT, BRECHEISEN ODER WAS SONST?

REVISION EINER AMOS-VISION

UNIVERSITÄTSVERLAG FREIBURG SCHWEIZ
VANDENHOECK & RUPRECHT GÖTTINGEN
1988

CIP-Titelaufnahme der Deutschen Bibliothek

Beyerlin, Walter:

Bleilot, Brecheisen oder was sonst?: Revision e. Amos-Vision/Walter Beyerlin. – Freiburg, Schweiz: Univ.-Verl.; Göttingen: Vandenhoeck u. Ruprecht, 1988.

(Orbis biblicus et orientalis; 81)
ISBN 3-7278-0579-X (Univ.-Verl.) brosch.
ISBN 3-525-53710-7 (Vandenhoeck & Ruprecht) brosch.
NE: GT

Veröffentlicht mit Unterstützung des Hochschulrates
der Universität Freiburg Schweiz

Die Druckvorlagen
wurden vom Herausgeber als reprofertige
Dokumente zur Verfügung gestellt.

Paulusdruckerei Freiburg Schweiz

ISBN 3-7278-0579-X (Universitätsverlag)
ISBN 3-525-53710-7 (Vandenhoeck & Ruprecht)

Adam S. van der Woude

in freundschaftlicher Verbundenheit

Vorwort

Der Vf. bekennt, daß er selbst, trotz nagender Zweifel, noch in seinem Kolleg über "Kleine Propheten" im Sommersemester 1987 im Banne jener Meinung gelehrt hat, die er nun, entzaubert, als "opinio plurium" dartut, um sie, überfälligerweise, aus dem Felde zu schlagen und durch ein adäquateres Verständnis des gewiß nicht unwichtigen Texts zu ersetzen. Er ist gespannt, ob ihm das gelingt und die herrschende Meinung, auf die selbst in Wörterbüchern und Nachschlagewerken Rücksicht genommen ist, ihre Macht, auch auf Bibelübersetzungen, zu verlieren beginnt.

Der Vf. dankt ein weiteres Mal den beiden Herausgebern der Reihe Orbis biblicus et orientalis, den verehrten Kollegen Othmar Keel und Erich Zenger, für die so bereitwillige Aufnahme der Arbeit und zügige Publikation. Der letztgenannte, Fachkollege vor Ort, hat zudem mit kundigen Stellungnahmen erfreut. - Dank auch den beiden Verlagen!

Anerkennung verdienen Bert Alm für die engagierte Erstellung der Reinschrift, Martin Mustroph und Sabine Haupt für Dienstleistungen zum guten Schluß. Die Ehefrau hat bibliographiert und bei der Korrektur geholfen. Allen Genannten herzlichen Dank!

Gewidmet ist diese Studie dem Fachkollegen in Groningen, der sich um die Erklärung der Kleinen Propheten verdient gemacht hat.

Münster, am Jahreswechsel 1987/88 Walter Beyerlin

Inhalt

Hinführung

Wem's genügt, den Endeffekt aufzufassen, auf den die Erzählung von der dritten Vision des Amos - Kapitel 7,7-8 - abzielt, wird keine Probleme haben. Denn der Schlußsatz der Deutung, die auditionär auf die Schau hin folgt, sagt deutlich genug, worauf die Erzählung hinausläuft: Jahwe, der Herr, der eben noch, bei der ersten und zweiten Vision, durch die Fürbitte des Amos bewegt worden ist, Unheil, wie gezeigt und geschaut und gehört, nicht Wirklichkeit werden zu lassen, ist jetzt und fortan entschlossen, sein Volk nicht länger zu schonen. "Nicht noch einmal" - so Jahwe ausdrücklich - "gehe ich (gnädig verschonend) an ihm vorbei!" Gericht ist angebrochen, Strafgericht am Jahwevolk. Eine neue Art Prophetie hebt an, die der Gerichtspropheten.

Indes - wer mehr zu verstehen begehrt, vor allem auch das, w a s da im einzelnen und im ganzen, beim Umbruch zur andersgearteten Prophetie, in der dritten Vision geschaut und in der Audition, die dazugehört, vernommen worden ist, der tut sich erstaunlich schwer. Erstaunlich, weil - generationenlang - viel Geist versprüht worden ist, um die Dinge klarzubekommen. Gleichwohl ist einzugestehen: Nur wer sich begnügt, fein sacht an der Oberfläche zu bleiben, kommt mit der Illusion davon, da habe sich ja, bei der exegetischen Bemühung um die Textdetails, ein ziemlicher Konsens ergeben, mit dem sich wohl leben lasse. Jedoch, wer tiefer schürft, unter die Oberfläche, stößt auf erhebliche Schwierigkeiten und kann dann auch kaum umhin, noch einmal neu und von Grund auf nachzuforschen.

Die vorliegende Studie versucht dies wie folgt: Sie will I. die Meinung, die die Szene beherrscht, die opinio plurium, dartun. Referierend - und gleichzeitig so, daß auch Schwächen spürbar zu werden beginnen und Probleme erfaßt werden können. Sie will II. die Bedeutung des Leitworts אֲנָךְ, von dem das Verständnis am meisten abhängt, rein philologisch bestimmen. Und sie will III. die ermittelte Bedeutung auf den gegebenen Text anwenden und exegetisch verifizieren sowie IV. im Kontext bewähren.

I
opinio plurium
- Problemerfassung

Opinio plurium est: Der Allherr steht - wenn nicht vor, dann - auf einer Mauer. Irgendeiner Mauer. Nicht bewußt ist - oder wenigstens nirgends zum Ausdruck gebracht, woran das zugrunde liegende hebräische Wort, חוֹמָה nämlich, denken lassen könnte: an eine schützende Umfassungsmauer, an einen Festungswall, unter Umständen an eine Stadtmauer[1]. Auch spielt allermeist keine Rolle, daß der Masoretische Text das Bauwerk näherbestimmt: durch das in Status-constructus-Verbindung beigefügte Wort אֲנָךְ. Wer das Wort nicht kurzerhand streicht und unter den Tisch fallen läßt[2], entnimmt ihm, wenn's hochkommt, nur, es handle sich um eine mit dem Bleilot hochgezogene Mauer. Wer nichts dabei findet, das Wort zu tilgen - als dittographice eingedrungen oder aus einem anderen Grund -, der hat, woran der opinio plurium liegt: die nicht näher qualifizierte Mauer. Und wer auf Buchstabenverwechslung erkennt und das simple אֶבֶן "Stein" dem schwierigeren אֲנָךְ vorzieht, der hat ebenfalls neutrales Gemäuer; nur eben ein solches aus Stein. Kurzum: kennzeichnend für die herrschende Sicht der Dinge ist die Tendenz, mit der Mauer an sich noch keine Pointe zu verbinden. Was es auf sich hat mit ihr, was sie nennenswert macht, das soll sich erst im Folgenden herausstellen. Allerdings, um dies gleich noch zu sagen, eher stillschweigend als verbatim.

Die opinio plurium sieht die Pointe anderwärts: In der Aussage nämlich, daß Gott אֲנָךְ in der Hand hat. Dieses Wort, das mehr als einmal im Bericht von der Vision vorkommt, wird - in der Textauffassung der Mehrheit - in Verbindung mit der Mauer, so oder so, neutralisiert, dafür aber hier, in des Allherrn Hand, nach der Wendung וּבְיָדוֹ, für wichtig und richtig gehalten. Zugleich

---

1 Vgl. W.Th. IN DER SMITTEN, ThWAT II, 1977, 806ff.

2 Sogar die Grundtextausgabe BHS empfiehlt, einfach חוֹמָה zu lesen!

kommt eine semantische Meinung als mitbestimmend ins Spiel. Die nämlich, daß אֲנָךְ hier Blei bedeute. Im Grunde zunächst nur Blei. Im vorliegenden Kontext freilich apparativ angewandtes Blei, aufgehängt an einer Schnur und Teil eines Nivelliergeräts. Nach der vorherrschenden Sicht der Dinge wird in Gottes Hand ein Bleilot erblickt, ein Senkblei angenommen. Wobei als unproblematisch gilt, daß das ja nicht bloß aus Blei, sondern aus mehreren Komponenten bestehende, nicht so ganz simple Gerät[3] einfach und breviloquent, man könnte auch sagen "elliptisch", als Blei bezeichnet worden sein soll. Jedenfalls, die Meinung geht dahin, אֲנָךְ lasse in der Bedeutung Bleilot/Senkblei an eine bauaufsichtliche Handlung denken. Der Allherr auf (oder an) besagter Mauer prüft, ob sie auch lotgerecht sei - in der Horizontalen oder Vertikalen; an dieser Frage haftet kaum Interesse. Zwar steht im hebräischen Text nicht annähernd ein Äquivalent für "prüfen". Indessen, was tut's? Nachdem nun einmal der Exegeten-Express in Richtung "prüfen" abgefahren ist, können ein fehlendes Wort und die dürftige Ausdrücklichkeit keinen Mitfahrenden mehr irritieren. Was nicht dasteht, läßt sich ja wohl in der Übersetzung zur "Verdeutlichung" einfügen! Legt die "Einheitsübersetzung" Gott die Kategorie des Prüfens in den Mund, so bringt sie nur, kecker als andre, auf den Punkt, was die vielen der Mehrheitsmeinung im Sinn haben: Im Geschauten der dritten Vision zeichnet sich Prüfung ab.

Seltsam ist, daß ebenso wie das Verbum "prüfen" auch Eröffnungen fehlen, was die vermeintlichen Prüfungen ergeben. Weder mit Bezug auf die Mauer noch bezüglich des Volkes Israel ergehen Verdikte wie "schief", "unhaltbar", "des Abbruchs würdig", "niederzureißen". Wenn schon Prüfung, warum dann nicht auch die Pointen entsprechender Prüfungsresultate? Indes, auch das Fehlen derselben verunsichert die herrschende Meinung nicht. Das könnte ja auf das Konto der Knappheit der Redeweise gehen, in welcher sich Amos ausdrückt. Und schließlich: reicht denn das nicht, wenn am

---

3 Siehe die Abbildung im Zusammenhang des von R. KNIERIM verfaßten Artikels über "Baukunst", in: BHH I, 1962, 206.

Ende der Audition der Allherr spricht "Nicht noch einmal gehe ich an ihm (meinem Volke) vorbei"? Setzt dies nicht Prüfungsresultate voraus, zum einen bei Gottes Volk, zum andern - Rückschluß in zweiter Instanz! - in der Dimension des Geschauten, bei der Mauer? Nicht im mindesten ist die opinio plurium von der Frage angekränkelt, ob ihr Verfahren, zurückzuschließen, wirklich auch zwingend sei. Es muß es ganz einfach sein. Hat man sich doch bei אֲנָךְ, weniger beim erstgenannten, um so mehr aber beim zweiterwähnten, auf die Bedeutung "Bleilot" festgelegt. Da ist die Quelle des Prüfungsgedankens, der durchgehalten sein will, notfalls auch zwischen den Zeilen!

Klar ist bei soviel Entschiedenheit, daß abermals nur vom Bleilot die Rede sein kann, wenn Gott laut Audition sagt: "Siehe, ich bin dabei, אֲנָךְ mitten hinein in mein Volk Israel zu bringen". Wenn sich's um die Anlegung der Sonde handelt, warum dann "mitten hinein", בְּקֶרֶב, und nicht irgendwie einfacher "am" Volk? Aber, warum sollte auch schon die ganze Bleilotdeutung wegen eines Details in der Formulierung scheitern? Dann hing eben besagtes Lot "inmitten" des Volks! Warum denn auch nicht?

Ist nach allem nicht unverkennbar, daß die herrschende Sicht der Dinge - so wie das Blei des Bleilots - an einem Faden hängt? An dem eigentlich recht dünnen Faden der philologisch-semantischen Festlegung bei אֲנָךְ, dem im Text immer wieder, im ganzen viermal, vorkommenden Wort. Die Idee, es gehe hauptsächlich um Prüfung, sowohl bei der Mauer als auch beim Volk, kann sich im Grundtext, von אֲנָךְ abgesehen, ansonsten auf gar nichts stützen. So delikat diese Sachlage ist, - die opinio plurium steht! So fest, als sei sie mit Tauen vertäut. Hat, wer an ihr rüttelt, überhaupt Chancen, etwas bewegen zu können?

Wer Hand anlegt an die gewohnte, traditionelle Deutung - fast möchte man sagen, an die "heilige Kuh" -, hat auch die Beweislast zu tragen. Sagt einer, אֲנָךְ sei nicht Blei, sondern extrahartes Eisen, das Ding in Gottes Hand entsprechend eine Waffe[4], so kriegt

---

4 So, auf LXX gestützt, A. CONDAMIN, Le prêtendu "fil à plomb"

er nur kurz zu hören, das könne er nicht "beweisen"[5]. Als ob die Bleilot-Deuter ihrerseits je in der Lage gewesen wären, ihren Ansatz - im eigentlichen Sinne des Worts - zu "beweisen"! - Hält es einer für besser, statt an Blei und Bleilot an Zinn zu denken (oder an das Mineral, aus welchem es gewonnen wird)[6], so kommt er gegen die herrschende Meinung, festgefügt wie sie ist, nicht an[7]. Was er dartut, wird, so argumentativ es auch ist, abgetan oder übergangen[8], dem Vergessen anheimgegeben[9]. - Beispiele für die Macht, die Dominanz, der opinio plurium!

Es ist, wie an einem weiteren Exempel zu sehen, nicht einmal leicht, sich, angeregt von besserer Einsicht, ihrem Einfluß ganz zu entziehen: Da sieht ein Kommentator[10] ein, daß ein Nivelliergerät wie das Bleilot nicht eigentlich ein Instrument des Abbruchs ist, sondern eins, das zum akkuraten Mauern verhilft. Kann ja wohl einmal sein, daß es Anlaß gibt, Steine wieder hochzunehmen, um sie lotgerechter zu setzen. Insgesamt aber und tendenziell dient es dem Aufbau, nicht dem Abriß. Ergo kann es sich schwerlich eignen, Abriß zu symbolisieren - oder auch Prüfung mit diesem Effekt. - Feststeht indes, daß die Erzählung von der dritten

---

de la vision d'Amos, RB 9, 1900, 586-594, insbesondere 591ff.

5 So, ziemlich prompt, W. NOWACK, Die kleinen Propheten, HK III 4, ^{2}1903, 162.

6 G. BRUNET, La vision de l'étain, VT 16, 1966, 387-395.

7 Bezeichnend H.W. WOLFF, Dodekapropheton 2, BK XIV/2, ^{2}1975, 346f.

8 Man vgl. etwa J.L. MAYS, Amos, OTL, 1969, 131f.

9 Wogegen W.L. HOLLADAY angeht: im Rahmen der "short notes" in VT 20, 1970, 492-494.

10 W. RUDOLPH, Joel - Amos - Obadaja - Jona, KAT XIII/2, 1971, 234f.

Vision auf Jahwes Entschluß hinausläuft, von nun an ohne Nachsicht zu richten und strafend niederzuwerfen. Ist dem so, dann kann aber im Zentrum der Schau kein Prüfgerät für den Aufbau stehen; und אֲנָךְ kann infolgedessen nicht das Bleilot meinen. Das Wort kann, nach dem Zielpunkt des Kontexts, nur ein Destruktionsinstrument bezeichnen. - So weit, so gut! Der Gedankengang leuchtet ein. Nur ist dann im weiteren zu fragen, warum besagter Kommentator sich als Werkzeug der Destruktion das Brecheisen einfallen läßt; Brecheisen, Brechstange oder Ramme als Bedeutung des Wortes אֲנָךְ. Deshalb natürlich, weil er nach wie vor denkt, es gehe um die Mauer, um deren Destruktion. Indessen, worauf kann er sich dabei im Grundtext stützen, einmal abgesehen von dem in seiner Bedeutung ja erst zu klärenden Wort אֲנָךְ? Auf nichts! Auf nichts, was im Text explizit wäre! Kein Wort und kein Hinweis ansonsten, die Mauer sei abzureißen. Wer dennoch an dieser Vorstellung festhält, der ist, auch wenn er sich's nicht bewußt wird, noch immer im Banne des Gedankens einer Prüfung mit dem Bleilot. - Man sieht hier, wie schwer es ist, aus den eingefahrenen Geleisen der Bleilotdeutung herauszukommen.

Sie, diese Deutung, hat auch - und das sei in Teil I als letztes angemerkt[11] - höchste Weihen erfahren: Sie ist in fast allen Bibelübersetzungen, die wir heute haben[12], vorbehaltlos rezipiert[12a]; man könnte fast sagen, autorisiert. Wer nicht auf den Grundtext zurückgreifen und in ihm Einblick nehmen kann (oder mag), muß wähnen, bei einer so einmütigen Wiedergabe in allen möglichen Ausgaben sei die Sache mit der Bleilotprüfung über jeden Zweifel erhaben. So wird, was bei den Fachleuten opinio plurium ist, auf der Ebene der Bibelübersetzungen sogar zur opinio communis! -

---

11 Über alles und jedes, was zur Erklärung unseres Visionstexts im Laufe der Zeit konzipiert worden ist, kann in dieser räumlich begrenzten Studie ohnehin nicht referiert werden.

12 Vergleichenswert, wenn auch nicht mehr auf dem neuesten Stand, G. BRUNET, La vision de l'étain, VT 16, 1966, 388; dort insbesondere Anm. 4.

12a Die Neue Jerusalemer Bibel bildet mit ihrer Anm. zu Am 7,7 eine anerkennenswerte Ausnahme.

Versuche, diese aus den Angeln zu heben und durch ein besseres Verständnis zu ersetzen, hat es immer wieder gegeben. Bis dato ohne Erfolg. Dies könnte daran liegen, daß es noch immer nicht gelungen ist, von einer anderen Deutung von אֲנָךְ׃ aus ein Verständnis zu entwickeln, das allen, wirklich allen Elementen unseres Texts in gleicher Weise gerecht wird; auch und gewiß nicht zuletzt der Mauer, die zu Beginn der Vision ins Bild kommt und ihrerseits auch durch אֲנָךְ bestimmt ist. - Der Versuch, der hier unternommen wird, hat auf diesen Gesichtspunkt zu achten.

II
ad vocem אֲנָךְ
- Bedeutungsbestimmung

Es läßt sich kaum anders einsetzen als mit der Bemühung um אֲנָךְ. Dieses Wort kann als Schlüsselwort gelten. Es findet sich viermal, mitnichten bloß dreimal im Text. Denn es ist auch in der Verbindung mit חוֹמַת, der Mauer, ursprünglich. Es bestimmt diese von Anfang an näher. Wer nicht nach Belieben ändert, sondern textkritisch-methodisch verfährt, der kann nicht übergehen, daß auch die Versionen, wie immer sie im einzelnen übersetzen, die Status-constructus-Verbindung חוֹמַת אֲנָךְ voraussetzen. Denn sie qualifizieren die Mauer so oder so[13]. Auch ist, was im Grundtext steht, als lectio difficilior zu bewahren[14]: Gemeint ist ursprünglich eine durch אֲנָךְ qualifizierte Mauer. So verlautet dieses Wort in schneller Folge viermal: der Allherr auf einer Mauer aus אֲנָךְ[15] - in seiner Hand אֲנָךְ - "Was siehst du, Amos?" Antwort: אֲנָךְ - und schließlich, aus des Allherrn Mund: "ich bin dabei, אֲנָךְ mitten in mein Volk ... zu bringen". Zentral für Vision und Audition ist אֲנָךְ! Was die semantischen Bemühungen betrifft, die folgen, ist klar, daß die anzunehmende Bedeutung so sein muß, daß sie an allen vier Stellen taugt.

---

13 LXX: ἐπὶ τείχους ἀδαμαντίνου "auf einer nicht zu brechenden, unbezwinglich harten (stählernen) Mauer". Aquila, gemäß dem im Folgenden verwendeten γάνωσις und wohl in Gedanken an eine Art Glasur: "auf einer schimmernden/glänzenden Mauer". Hieronymus in der Vulgata: super murum litum "auf einer bestrichenen/glasierten Mauer". Peschitta im Sinne der LXX. Targum interpretiert, aber bezeichnenderweise so, daß mit der Mauer eine Näherbestimmung einhergeht.

14 Ein weiteres Argument der Inneren Textkritik unten: im Zusammenhang der Würdigung der Eigenart visionärer Sprache!

15 Zur Wiedergabe mit "aus" im Vorgriff B. LANDSBERGER in: JNES 24, 1965, 287.

Dies kann und darf indessen nicht heißen, es sei geraten, bei der philologisch-semantischen Aufgabe vor allem und stets auf den Amos-Kontext zu schielen. Vorrang muß absolut haben, die Ergebnisse der Sprachwissenschaft - ohne Rücksicht auf das, was opportun sein könnte - aufzugreifen und einzubringen. Die Exegese des Amos-Texts tritt erst danach in ihr Recht. So sehr an ihr liegt, so hat sie doch wohlunterschieden und nachgeordnet von der Richtig- und Tauglichkeit der semantischen Annahme zu überzeugen. Wobei noch ein wichtiger Gesichtspunkt ist, daß die Plausibilität derselben nicht gleich und nicht ohne weiteres auf der Hand liegen muß. Es braucht nicht irrezumachen, wenn sie sich, in der einen oder anderen Hinsicht, erst auf den zweiten Blick herausstellt, möglicherweise erst in weniger vertrauten Horizonten.

Nachdem dies - vorsorglicherweise - klargestellt ist, ist die Bedeutung von אֲנָךְ zu bestimmen. Zwar kommt die Vokabel, wie gezeigt, im Text der Vision wiederholt vor. Aber viel nützt dies nicht. Denn hinderlich ist, daß אֲנָךְ ansonsten im Alten Testament nicht noch ein einziges Mal bezeugt wird, m.a.W. hapaxlegomenon ist. So bleibt, wer seine Bedeutung erkundet, so gut wie ganz auf Semitistik angewiesen. Vor allem auf den Befund im akkadischen Schrifttum. Dort entspricht dem hebräischen אֲנָךְ das Wort anaku (hier und dort auch AN.NA geschrieben). Zustatten kommt, daß die Vokabel oft genug belegt ist. Auch in Kontexten, die einigermaßen auf den Sinn schließen lassen. Es ist zugleich ernüchternd und faszinierend, die Geschichte - die Abenteuer! - der Erforschung von anaku an Hand der Darlegungen des Semitisten Benno LANDSBERGER[16] nachzuvollziehen. Das Ergebnis ist, daß anaku nicht Blei gemeint haben kann, wie zunächst unterstellt, sondern immer ausschließlich - Zinn. - Eine begründende Überlegung, nur eine von mehreren, sei beispielshalber herausgegriffen: Das anaku

16 Veröffentlicht unter dem Titel Tin and Lead: the Adventures of Two Vocables, JNES 24, 1965, 285-296.

genannte Metall erlaubt per Arbitrage[17], die erheblichen Kosten mancherlei Art eines Ferntransports, eines Handels über Distanzen und Grenzen, mit hinreichendem Gewinn zu verkraften. Gesetzt den Fall, anaku hätte nur Blei gemeint, das nach Wert und Preis weit hinter Zinn rangiert, so würde sich der Kostenaufwand bei grenzüberschreitend weiter Beförderung, von der wir aus den Texten erfahren, nicht haben "rechnen lassen". Sinn gibt allein das Kosten-Gewinn-Verhältnis beim höherwertigen Metall, beim Zinn. Also kann es sich bei anaku, wenn nur Zinn und Blei in Betracht kommen, einzig um ersteres gehandelt haben. - Wie gesagt: dieses ist nur ein Argument aus der Kette der Überlegungen LANDSBERGERS. Mehr an Begründungen auszubreiten, ist hier weder möglich noch nötig. - Es spricht für sich, daß jenen Überlegungen gemäß auch der umfang- und stoffreiche Artikel über anaku in "The Assyrian Dictionary", Chicago[18], nur e i n e Bedeutung belegt: Zinn - und keine ansonsten. Bemerkenswert überdies, daß auch Adam FALKENSTEIN in diesem Sinn übersetzt[19]. Schließlich läßt sich ins Feld führen, daß etwa auch für ein entsprechendes Wort im Arabischen, ānuk, die Bedeutung Zinn angegeben wird[20]. - So bleibt Alttestamentlern nichts anderes übrig, als für אֲנָךְ, dem allem gemäß, ebenfalls die Bedeutung

---

17 Durch Ausnutzung des Preisunterschieds bei Ankauf an einem Ort mit niedrigem Preisstand und Verkauf andernorts auf höherem Preisniveau. BROCKHAUS. Vgl. B. LANDSBERGER, a.a.O. 288f.

18 Hg. v. M. CIVIL, I.J. GELB, B. LANDSBERGER, A.L. OPPENHEIM u.a., I/2, 1968, 127-130.

19 Sumerische religiöse Texte, ZA 56, 1964, 76. Dazu, daß W. v. SODEN in dem von ihm bearbeiteten Akkadischen Handwörterbuch, I, 1965, 49 einstweilen noch den Spalt "u wohl auch 'Blei'" offengelassen hat, vgl. man B. LANDSBERGER, a.a.O. 291ff. Sollte dieser Spalt auch im Blick auf die Bleilotdeutung der Mehrheit der Alttestamentler bei Am 7,7f offengeblieben sein, so drohte hier die Gefahr eines Circulus vitiosus.

20 Nach B. LANDSBERGER, a.a.O. 287, Anm. 10.

Zinn anzunehmen[21]. Warum sollte dieses Wort im Hebräischen bedeutungsverwandelt[22] gebräuchlich geworden sein? Ein Grund, der damit zu rechnen erlaubte, ist nicht ersichtlich. - Auch der Umstand, daß das Biblische Hebräisch noch ein anderes Wort für Zinn aufweist - בְּדִיל [23] -, taugt als Einwand gegen unsere Schlußfolgerung nicht[24]. Warum sollte es ausgeschlossen sein, daß mehr als e i n Lehnwort (oder "Kulturwort"?) für dieselbe Sache

---

21 Offensichtlich im Recht sind G. BRUNET, La vision de l'étain, VT 16, 1966, 387ff und W.L. HOLLADAY, Once more, [a]nak = tin, Amos VII 7-8, VT 20, 1970, 492ff. Beachtenswert, daß auch M. WEIPPERT in seinem Artikel über Metall und Metallbearbeitung, in: BRL[2], 1977, 221, der philologischen Sachlage Rechnung getragen hat. - Es wird, nebenbei gesagt, angenommen, Hieronymus habe in Commentarii in Prophetas Minores "stannatum" u. dgl. bei Am 7,7 in Gedanken an "Zinn" und "verzinnen" formuliert. Sollte diese Annahme zutreffen, so gebührte ihm fraglos die Ehre, schon damals auf der richtigen Spur gewesen zu sein. Wie wäre er zu seiner Einschätzung gekommen? Vielleicht tatsächlich so, daß ihm noch zutreffendes Wissen tradiert worden ist. Vergleichenswert so oder so Corpus Christianorum. Series Latina 76, S. Hieronymi presbyteri opera, I/6, 1969, 318.

22 Zu diesem Gesichtspunkt etwa J. BARR, Comparative Philology and the Text of the Old Testament, 1968, 87ff.

23 W. BAUMGARTNER, Hebräisches und aramäisches Lexikon zum Alten Testament, Lf. I, [3]1967, 106; M. WEIPPERT, a.a.O.

24 Auch dann nicht, wenn es abwegig sein sollte, mit W.L. HOLLADAY, a.a.O. 492 in בְּדִיל das native word zu sehen, das mit dem übernommenen Wort אֲנָךְ konkurriert. Zu beachten sind die Angaben bei BAUMGARTNER, a.a.O. 106.

Bestandteil des Hebräischen geworden ist[25]?

Es ist alles in allem ziemlich sicher: jenes viermalige אֲנָךְ im alttestamentlichen Visionstext meint Zinn.

---

25 G. v. WILPERT, Sachwörterbuch der Literatur, ^{6}1979, 450: "aus e. fremden Sprache entlehntes, jedoch mittlerweile in Lautstand, Betonung und Schreibweise an die Aufnahmesprache angeglichenes, nicht mehr als fremd empfundenes Wort ..." Ad vocem "Kulturwort" B. LANDSBERGER, a.a.O. 287, Anm. 10.

III
applicatio
- Textbewährung

Damit stehen wir vor der weiteren wichtigen, in gewisser Weise entscheidenden Frage: Ist mit der erlangten Bedeutung exegetisch zurechtzukommen? So, daß die Aussagen mit אֲנָךְ sämtlich und gleichermaßen verständlich werden? So, daß sich Sinn und Plausibilität im ganzen ergeben? Nur wenn unsere Bedeutungsbestimmung uns soweit kommen läßt, darf sie als verifiziert, bewährt und bewiesen gelten.

Glücklicherweise hat es den Anschein, als seien die Chancen, von der Bedeutung "Zinn" ausgehend exegesieren zu können, nicht schlecht und längst nicht ausgeschöpft.

Eine Chance bietet sich allerdings nicht: Die nämlich, nun einfach vom "Zinnlot" zu sprechen - statt, wie bisher, vom "Bleilot" -, um, wie gehabt und gewohnt, in den Gleisen der opinio plurium fortzufahren. Zu viel steht der Deutung mit dem Lot und der zweifachen Prüfung, der der Mauer und der des Volks, wie vorhin gezeigt, im Weg.

Auch keine Chance tut sich in der Deutung des Heiligen Hieronymus auf, der - interessanterweise - vielleicht schon zu seiner Zeit den Gedanken an Zinn gefaßt hatte. Trifft er doch in seinem Kommentar zu den Kleinen Propheten[26] die Wortwahl "stannatio", "stannatum" usf. Hieronymus läßt, um zurechtzukommen, in der Übersetzung der Vulgata eine Maurerkelle in der Hand des Allherrn sein: et in manu eius trulla cementarii. Ebendiese Kelle ist es dann auch, die Amos, auditionär befragt, benennt: quid tu vides Amos ... dixi trullam cementarii ... Mit dieser Kelle wird Metall - nach jener Kommentierung zu urteilen, eventuell Zinn -, in flüssigem Aggregatzustand, hierhin und dorthin appliziert. Einer-

---

26 Siehe oben Anm. 21!

seits an die Mauer. So wird diese zur murus litus, zur beschichteten, glasierten, eventuell verzinnten Mauer. Andererseits wird die Kelle - irgendwie - mitten ins Gottesvolk gebracht. Gewiß zu dessen Bestrafung im Rahmen des Gottesgerichts. - Soweit die Deutung, in der sich Hieronymus versucht! Wer fände sie nicht reizvoll? Wer aber nicht auch zu rational, zu weit ins Handwerkliche, Technische gehend? Nein, von Hieronymus her wird sich die Lösung der exegetischen Knoten nicht anbieten!

Schon eher könnte ein Erklärungsversuch der Moderne, unternommen in jüngster Zeit[27], ein Stück weit zumindest, voranhelfen: ein Erklärungsversuch der beiden mit der Bedeutung Zinn operierenden Alttestamentler Gilbert BRUNET und William HOLLADAY[28]. Beide denken, nicht zu Unrecht, daran, daß Zinn in der Bronzezeit - überschneidend auch noch danach - militärstrategisch von höchster Bedeutung war: Ohne Zinn keine Bronze! Und ohne Bronze nicht die Waffen und sonstigen Rüstungsgüter aus dieser so wichtigen Legierung! Zinn im Zentrum der dritten Vision - sollte das nicht als Symbol zu verstehen sein für bronzene Waffen, bronzene Rüstungsgüter? Zinn in des Allherrn Hand - sollte dies nicht die von Gott her in Gang gekommene Rüstungsproduktion, ja, letztlich den hereinbrechenden Krieg symbolisieren? Zinn in Gottes Hand - meint dies nicht auch - konkreter, spezieller - das von Jahwe gezückte Schwert? Läßt nicht ebendiese Frage auch der Umstand bejahen, daß gleich im Folgenden, in Am 7,9, ohnehin und ausdrücklich von חֶרֶב die Rede ist, vom Schwert, mit welchem sich Jahwe erhebt?

Drängt sich dann aber nicht auch die Frage auf, wie die Mauer zu erklären sein sollte, die Mauer - ja auch aus Zinn, die Mauer, auf welcher der Allherr steht und die im Visionstext gewiß nicht zuletzt zur Sprache kommt? Bleibt da nicht ein schwer zu bewältigender Rest? Ein Rest, der die Richtigkeit des Inter-

27 1966 und 1970.

28 Literaturangaben in Anm. 21.

pretationsansatzes gleich wieder bezweifeln läßt? - Indes, BRUNET und HOLLADAY wissen Rat und meinen die Antwort geben zu können: Mit der Mauer aus Zinn sei nichts andres gemeint als die außerordentliche Anhäufung des seltenen und nicht so ganz leicht zu beschaffenden Metalls. Gott stehe auf einem Zinn-Wall, verfüge über aufgetürmte Ressourcen des militärstrategisch wichtigen Stoffs, zeige sich somit in der Lage, unerschöpflich Rüstung, immer mehr Waffen hervorzubringen. Mauer aus Zinn - das zeige - so könnte man im Sinn der genannten Gelehrten sagen - das Potential für Overkill, welches Israel jedwede Hoffnung nehme, auch den letzten Funken einer solchen.

Indes, auch das Potential der Erklärung ist damit noch nicht erschöpft: BRUNET meint den Gedanken hinzutun zu sollen, es möchte vielleicht in diesem Fall mit אֲנָךְ nicht Zinn, sondern das Mineral bezeichnet sein, aus dem das Metall, das genannte, zu gewinnen ist: Zinnerz sozusagen oder Kassiterit. Eine Mauer, aufgetürmt aus den Brocken selbigen Minerals, - das lasse sich besser vorstellen als eine Mauer aus Zinn. -

Dies ist's, was bislang zur Erklärung unseres schwierigen Texts, von der Bedeutung "Zinn" ausgehend, veröffentlicht und verfügbar ist! - Nicht wenig alles in allem! Aber - bei allem Respekt - nicht genug! Ist es nicht so, daß manches in die richtige Richtung weist, anderes hingegen diese Erklärung suspekt macht? Wie steht es damit, daß אֲנָךְ zugleich Zinn und Kassiterit, zugleich das Metall und das Mineral bezeichnet haben soll? Wie steht es mit der Bestrebung, die Mauer der Vision - nota bene: der Schau, die die normale Empirie übersteigt! - begreiflicher machen zu wollen[29]? Wie steht es mit der Deutung der Mauer ansonsten - die Mauer als Ressourcenhügel? Wie steht es mit dem seltsamen Neben- und Ineinander: in Gottes Hand zugleich ein einzelnes Schwert und, allgemeiner, Output von immer mehr Waffen und Rüstung? Und nebenbei noch gefragt: Wie steht es mit der Herein-

---

29 BRUNET zeigt hier Einsicht, setzt sich dann freilich über sie hinweg. A.a.O. 395.

nahme des sich anschließenden Verses, Am 7,9, zur Stützung des Gedankens ans Schwert? - Mögen dies nicht alle Fragen sein, die verfolgt zu werden verdienen. Die wichtigsten dürften's wohl sein. Und die, mit welchen es zusammenhängen könnte, daß BRUNET und HOLLADAY bis dato nicht mehr überzeugt und ein besseres Echo gehabt haben. - Gewiß, die Auseinandersetzung mit jenen Fragen steht an. Indes, es könnte vordringlich sein, mit einer Überlegung einzusetzen, die, wie es scheint, bislang zu kurz gekommen ist:

Sie gilt dem Umstand, daß unser Text von v i s i o n ä r Erfahrenem spricht. Der Streit um die Meinung ist ausgestanden, da sei, beim dritten Visionsbericht, normale, zufällige Sinneswahrnehmung intuitiv aufgegriffen und als Offenbarung von Gott her gedeutet[30]; da habe - konkret und im Vorstellungskreis der opinio plurium gesprochen - der Prophet alltäglich-zufällig einem Maurerpolier über die Schulter gesehen und sei, im Blick auf eine schiefe Mauer, unversehens zu einer bestimmten Zukunftsgewißheit gekommen. Wie gesagt: diese Meinung ist obsolet[31]. Man geht heutzutage davon aus, daß sich der Text - seinem eigenen Anspruch gemäß[32] - tatsächlich auf "Eingegebenes" bezieht, auf Erfahrung, die nicht auf normaler Sinneswahrnehmung beruht. Bezeichnend ist, daß Gott, der Allherr selbst - wie textlich wohlbezeugt[33] - zum Wahrgenommenen gehört. Auch heißt es ausdrücklich, so habe er schauen lassen.

Ist dieses konzediert, dann freilich ist das Faktum, daß sich

---

30 Zum Verständnis dieser Art von Vision im weitesten Sinn E. BENZ, Die Vision. Erfahrungsformen und Bilderwelt, 1969, 94ff.

31 Vergleichenswert I.P. SEIERSTAD, Die Offenbarungserlebnisse der Propheten Amos, Jesaja und Jeremia, ^{2}1965, 52ff.

32 Siehe Am 7,7! Vgl. 7,1.4 und 8,1!

33 Von einer Variante in LXX abgesehen. - Vgl. nicht zuletzt auch Am 9,1!

der Text überhaupt nicht auf Eindrücke normaler Empirie bezieht, gerade auch zu berücksichtigen, wenn es an die Exegese geht, an die Erklärung im einzelnen. Es ist nicht einzusehen, warum jenes Faktum bei der Erzählung von der dritten Vision weniger als etwa bei der von der ersten und zweiten in Rechnung zu stellen sein sollte. Sind hier, bei den letztgenannten, weder der Heuschreckenschwarm noch das Feuer, die dabei sind zu Ende zu fressen[34] und gleichwohl gar nicht real werden, Dinge normaler Sinneswahrnehmung, so gilt dasselbe von der Mauer aus Zinn und von selbigem Metall in Gottes Hand. Hier handelt sich's ebensowenig um normal wahrgenommene Dinge. Was ja auch daraus hervorgeht, daß Gott, gar in zentraler Weise, mit geschaut wird. Vielmehr sind sie transzendent, werden beim gottermöglichten Blick in die andere Welt, die um Gott, erfahren. Menschlicherseits sind sie eigentlich nicht aussagbar, höchstens annäherungsweise, in gewagten Assoziationen. - Wird dies in Rechnung gestellt, konsequenter als bislang geschehen, dann ebnen sich, überraschend weitgehend, die Wege der Exegese.

So ist - um an irgendeiner Stelle in den Kreis der Probleme einzutreten - die Frage schnell aus dem Weg, ob nicht statt an eine Mauer aus Zinn an eine aus dem entsprechenden Mineral, aus Kassiterit, zu denken sein sollte. Hier wird rasch klar, daß mit dem Gedanken an die dunkelbraunen oder schwarzen Brocken dieses Erzes[35] nur eines angestrebt ist: nämlich, die Mauer nach Beschaffenheit und Aussehen dem anzunähern, was in dieser Hinsicht normalerweise wahrgenommen wird. Ebendieses Bestreben verfehlt aber ganz - wie kaum noch gesagt werden muß - Intention und Charakter unserer Vision. Diese will, um die sonderliche Mauer bei Gott in gewagter Assoziation zu erfassen, gerade mit dem Gedanken an Zinn ins ganz andere hinübergreifen, sozusagen in die Transzendenz: Die Mauer, ein Bauwerk aus köstlichem, wertvollem, für normale Sterbliche - zumal im antiken Palästina - so gut wie

---

34 Bei Am 7,2a ist dem textkritischen Vorschlag in BHS zu folgen.

35 R.J. FORBES, Studies in Ancient Technology, IX, 1964, 126.

unerschwinglichen Stoff[36]! Aus einem Metall, bei dem selbst kleinste Mengen einen Streit zwischen Königen wert sind[37]. Just dieses Metall, hienieden schwer zu erlangen, wird hier, bei Gott, in unfaßlicher Menge erschaut. So massiert, wie dies nur im Jenseits Gottes möglich ist. Eine Mauer aus Zinn - zudem der Farbe und dem Aussehen nach die Transzendenz anzeigend: In silbrigem Weiß[38] und in schimmerndem Glanz[39]! Fast möchte man fragen: Wie anders als so könnte denn überhaupt eine Mauer bei Gott, in seiner Umgebung, ausgesehen haben? Leuchtet da nicht schon das gleißende Licht, von dem dann auch Theophanieschilderungen im Alten (und Neuen) Testament immer wieder zu künden wissen[40]? - Zinn bei der Mauer und in Jahwes Hand - das signalisiert, gewiß nicht zuletzt, auch Stärke! Denn: die Stärke, die der Legierung Bronze eignet, wird nicht aufs Kupfer zurückgeführt, obwohl ebendieses mit mehr als 80% den größten Anteil stellt. Nein, jene Stärke wird dem Zinn zugeschrieben. Dieses gilt als "the undoubted master in the field of transmission of power"[41]. Entsprechend selbstbewußt äußert sich dieses Metall in einem Wortspiel aus dem Zweistromland: ... anāku anāku anāk siparri [anāku] "Zinn bin ich,

---

36 R.J. FORBES, a.a.O. 130ff.149ff und zwischen 128 und 129 die Karte 22 "Tin in Antiquity".

37 Lesenswert der Brief des Königs von Qatna an den von Ekallatim. Bei R.J. FORBES, a.a.O. 153. Vgl. Y. AHARONI / M. AVI-YONAH, The Macmillan Bible Atlas, [2]1977, 9.38.146.

38 Siehe abermals FORBES, a.a.O. 156!

39 Mit etwas höherem Zinnanteil ließ sich Bronze, entsprechend poliert, zu Spiegeln verarbeiten. FORBES, a.a.O. 146.

40 J. JEREMIAS, Theophanie. Die Geschichte einer alttestamentlichen Gattung, WMANT 10, [2]1977, 35.39.43.45.62-65. Nicht die wenigste Beachtung verdient noch der Visionstext Ez 1.

41 FORBES, a.a.O. 125. - Am Rande verdient Erwähnung, daß in

das Zinn der Bronze [bin ich]"[42]. Entsprechend verankert war es

---

einem hethitischen Palastbauritual der König Zinn (und Eisen) "in die Herzen" des Bauholzes legt, um dessen Stärke und Dauerhaftigkeit zu steigern. V. HAAS, Hethitische Berggötter und hurritische Steindämonen. Riten, Kulte und Mythen. Eine Einführung in die altkleinasiatischen religiösen Vorstellungen, KGAW 10, 1982, 181. Zinn als Überträger von power im Nachbarbereich der Hethiter! Bemerkenswert - noch mehr am Rande -, daß Zinn hier zudem in magischer Dimension zum Einsatz gekommen ist. Belege bei HAAS, a.a.O., etwa 110.

42 Zitiert nach A. FALKENSTEIN, Sumerische religiöse Texte, ZA 56, 1964, 76. Bemerkenswert auch die Hochschätzung des "Zinns der Bronze" in Zeile 230 des hier wiedergegebenen Texts, a.a. O. 105. - Daß das Zinn spricht, ist so vereinzelt nicht! In einem andren sumerischen Text apostrophiert die Zinn enthaltende Bronze in Fabel-(Tenzone-)Art und ähnlichem Selbstwertgefühl das als Konkurrenz empfundene Silber - ungefähr so:

> Wenn die Zeit gewässerten Erdreichs da ist,
> nicht aber die Hacke zum Lockern des Bodens -
> in solchem Falle (?) fragt niemand nach d i r !
>
> Wenn die Zeit der Saat da ist,
> nicht aber das Breitbeil zum Formen des Pflugs -
> in solchem Falle (?) fragt niemand nach d i r !
>
> Wenn der Winter da ist,
> nicht aber die Axt zum Schlagen von Brennholz -
> in solchem Falle (?) fragt niemand nach d i r !
>
> Wenn die Zeit der Ernte da ist,
> nicht aber die Sichel zum Schneiden des Korns -
> in solchem Falle (?) fragt niemand nach d i r !

Wiedergegeben in Anlehnung an R.J. WILLIAMS, The Fable in the Ancient Near East, in: FS. f. W.A. IRWIN "A Stubborn Faith", hg. v. E.C. HOBBS, 1956, 5-6. Zum Grundtext: E. CHIERA, Sumerian Religious Texts, 1924, Nr. 4, Z. 11-22. Abhängig ist man in all den genannten Fällen von Bronze, damit aber eben auch und letzten Endes von - Zinn!

im Tagesbewußtsein unseres Propheten: Die Stärke bronzener Waffen, bronzener Wehr rührt entscheidend vom Zinn her. Und entsprechend schlug es dann auch, als das Tagesbewußtsein zurücktrat, in der Vision durch: Nicht Bronze -, nein, Zinn, die ausschlaggebende Macht in jener Verbindung, tritt da bei Gott, in der Transzendenz, in höchster Reinheit hervor!

Ist einer metallurgisch geschult, dann könnte er einwenden wollen, Zinn sei ja, für sich genommen, alles andere als stark. Es lasse sich pur, seiner Weicheit wegen, allenfalls und mehr ausnahmsweise zu Schmuck -, zu einem Ring verarbeiten. Zu Gegenständen stärkeren Gebrauchs aber tauge es, isoliert verwendet, nicht. Auch zerfalle es oxidierend relativ rasch in Pulver[43]. - Gewiß, alles dies ist naturwissenschaftlich korrekt. Nur eben war Amos, soviel ihm auch zuzutrauen ist[44], von solchem Wissen weniger bestimmt; zumal es, insoweit es Analysen voraussetzt, damals noch nicht geläufig gewesen sein konnte. Nein, was den Propheten und seine Landsleute mehr beeindruckt haben wird, das sind die famosen Eigenschaften des im Grunde exotischen Stoffs: vor allem seine Härte und Glanz verleihende Wirkung in der Legierung Bronze. Was den Ruf jenes Stoffs zusätzlich gesteigert haben wird, das ist, daß nur ganz wenige Menschen im antiken Palästina es jemals dazu gebracht haben dürften, besagten Stoff, gar in reiner Gestalt, tatsächlich zu Gesicht zu bekommen[45]. Zinn dürfte für

---

43 Zu alledem FORBES, a.a.O. 124f.149f; dazuhin LANDSBERGER, Tin and Lead, JNES 24, 1965, 287.

44 Sintemal vermutungsweise vereinzelte Stätten der Bronzeverarbeitung an Israels Peripherie in Rechnung zu stellen sind, beispielsweise in Beth-Semes oder beim transjordanischen Tell Dēr ʿAllā. K.M. KENYON, Archäologie im Heiligen Land, ²1976, 229; M. WEIPPERT, Metall und Metallbearbeitung, in: BRL, ²1977, 220.

45 Bedenkenswert die Wiedergewinnungsbemühungen, auf welche FORBES hinweist, a.a.O. 146, sowie die oft sparsame Dosierung,

viele ein Stoff zum Träumen gewesen sein. Ein zusätzlicher Grund für sein Auftauchen in der Vision! Je rarer der Stoff, um so größer der Reiz, ihn mit Gott zu assoziieren[46].

Mit alledem ist nicht ausgeschöpft, was sich aus der Einsicht, daß unser Text visionäre Erfahrung ausdrückt, für seine Erklärung im einzelnen ergibt. Es liegt auf der Hand, daß Visionserfahrungen Merkmale haben, die sie von anderem Erleben abheben. Bedauerlich ist, daß die Besonderheiten alttestamentlicher Visionsberichte noch viel zu wenig bekannt sind. Um so wichtiger ist Hilfe von außerhalb, aus dem Bereich der Kirchengeschichte. Ernst BENZ hat hier, in einem stattlichen Buch mit dem Titel "Die Vision. Erfahrungsformen und Bilderwelt"[47], eine Fülle von Visionstexten ausgewertet und Eigenheiten eruiert. Zwar versteht sich von selbst, daß der Rückschluß ins Alte Testament nicht unproblematisch ist. Schließlich sind hier historische Abstände im Spiel, die berücksichtigt werden wollen. So unbestreitbar dies ist, so ist doch mit BENZ zu sagen, es könnte sich von den Formen späterer christlicher Visionen her eine sachgemäßere Exegese entsprechender biblischer Texte ermöglichen, "als dies der Fall ist, wenn

---

die sich in den von P.R.S. MOOREY und F. SCHWEIZER veröffentlichten Analysen abzeichnet, Copper and copper alloys in ancient Iraq, Syria and Palestine: Some new analyses, in: Archaeometry. The Bulletin of the Research Laboratory for Archaeology and the History of Art, Oxford University, XIV, 1972, 177-198. Siehe auch Anm. 36!

46 In diesem Zusammenhang mag man sich fragen, ob die Bevorzugung des Wortes אֲנָךְ gegenüber dem synonymen בְּדִיל bei der Artikulation der Visionserfahrung auf einen Sinn für den Reiz des Fremden zurückzuführen sein könnte. Eine schwer zu beantwortende Frage! Zumal schwer zu taxieren ist, ob אֲנָךְ noch als Wort aus der Fremde empfunden worden ist. Siehe auch oben Anm. 25!

47 Erschienen 1969.

man die visionären Erfahrungen negiert oder bagatellisiert"[48]. - Bei aller gebotenen Vorsicht - eine Entsprechung sticht ins Auge: Bei der Ausformung visionärer Erfahrungen bieten sich, weit mehr als Begriffe, Bilder als Auffassungs- und Ausdrucksformen an. Zwar sind sie, gemessen an der Unsagbarkeit des visionär Erlebten, auch nicht voll adäquat. Aber, sie können doch mehr, als es Begriffe zu tun vermöchten, andeuten. Sie können auch - sozusagen - Ober- und Untertöne ausdrücken[49]. Nun ist es am Tag, daß der Amos-Text vor allem aus Bildern besteht: Der Allherr auf der zinnernen Mauer. / Zinn in seiner Hand. / Dann, zusammenfassend: "Was siehst du, Amos?" Ich sagte: "Zinn!" / Schließlich der Ausblick auf ein Zukunftsbild: Zinn wird von Gott - mitten hinein in sein Volk gebracht! Es ist schon so: eine Folge von Bildern! Anschaulich und doch auch verhalten. Deutlich und doch auch der Deutung fähig. Ein Deutewort, selber gleich wieder halb Bild, folgt auf dem Fuß: "Nicht fürder gehe ich an ihm (meinem Volke) vorbei!" - BENZ registriert im Blick auf sein Material, ein Visionär müsse, um das Unsagbare sagbar zu machen, oft ungewöhnlichste Formen des Ausdrucks verwenden und Elemente, die sich eigentlich ausschließen, verknüpfen[50]. Ist nicht auch diese Eigentümlichkeit im Visionstext des Amos wiederzufinden? Mauer und Zinn - nicht gerade kommensurable Dinge! Dennoch, durch die Kühnheit des prophetischen Visionärs in einer Status-constructus-Verbindung vereinigt: חוֹמַת אֲנָךְ ! Handelt sich's hier um eine typische Erscheinung in der Sprache des Visionärs, so sollten die heutigen Textkritiker doch besser von ihr die Finger lassen[51]. - BENZ glaubt im Blick auf die

---

48 A.a.O. 653.

49 Mit BENZ, a.a.O. 318. Ergänzend 313ff.415ff.

50 A.a.O. 652.

51 Vergleichenswert oben Anm. 2 und 14. (Der Vorschlag 7^{a-a}, der im textkritischen Apparat der BHS zu bedenken gegeben wird, ist hanebüchen!)

christlichen Visionen bezüglich der Bilder feststellen zu können, sie seien nicht gleich, sozusagen als Standbilder, fertig da, wie bei der Projektion von Dias. Sie entwickelten sich vielmehr, wie im Ablauf eines Films. Auch würden, um in diesem Bild zu bleiben, verschiedene Filmeinstellungen - Gesamtaufnahmen, Teilausschnitte usf.[52] - neben- und übereinanderkopiert. Es ist wirklich nicht schwer, auch solches bei Amos wahrzunehmen. Eröffnungsbild, einigermaßen umfassend: Der Allherr, auf der Mauer postiert. Dann Übergang zu einem Teilausschnitt, ein Detail in den Blickpunkt rückend: Zinn in des Allherrn Hand! Hierauf ein Blick aufs ganze: "Was siehst du, Amos?" Antwort: "Zinn!" Offensichtlich Zinn und nichts sonst! Viertes Bild: ein Schwenk sozusagen, ausgehend von der Impression Zinn, einer Bewegung dieses Stoffs nachgehend - bis mitten hinein ins Jahwevolk, einer Bewegung, die bedrohlich in Israel eindringt. Tatsächlich so etwas wie ein ablaufender Film! - BENZ konstatiert überdies im Blick auf viele Visionstexte: die einfachsten Wahrnehmungen inneren Schauens sind Lichtwahrnehmungen. Es kommt zu ihnen in unfaßlicher Variationsbreite: Verschiedenste Aufstrahlungen, Aufblitzungen, Aufleuchtungen, Protuberanzen[53]! Auch diesbezüglich ist klar, daß die dritte Vision des Amos Entsprechendes hat. Da das Zinn ausdrücklich erschaut wird, ist nicht zu bezweifeln, daß sein Aussehen eine Rolle spielt. Das kann dann nur heißen: sein silbriges Weiß, sein schimmernder Glanz! Da Amos nichts anderes mehr wahrnimmt - nicht mehr die Mauer und nicht mehr Gott und nicht mehr dessen Hand -, ist anzunehmen, daß letzten Endes dieser Glanz das ganze Blickfeld erfüllt. Also doch wohl auch eine Aufleuchtung, innerhalb jener Variationsbreite! - Noch ein Letztes aus jenem Visionsbuch: BENZ weist an einem Beispiel auf, daß einem Menschen in der Vision das visuelle Unterscheidungsvermögen verloren gehen kann[54]. Konturen können sich im überstrahlenden Lichte auflösen. Ist nicht ebendies

---

52 Zur Ergänzung a.a.O. 163ff.

53 A.a.O. 99ff.328 u.ö.

54 A.a.O. 315.

auch in unserer Amos-Vision der Fall? Warum sollte sonst der Prophet im Augenblick seines Gefragtwerdens nur noch Zinn und sonst nichts mehr wahrnehmen? - Nein, im Blick zurück, von den Eigenarten christlicher Visionen her gesehen, ist's vollends am Tag, daß der Gegenstand unseres Texts Vision und Visionserfahrung ist, daß er beides echt widerspiegelt und daß weder die Artikulation der Erfahrung noch deren Verschriftung jener Echtheit Abbruch getan haben.

In diesem Stadium der Studie ist eine weitere Frage aufzunehmen, die sich von BRUNET her stellt[55]: Wie läßt sich näherbestimmen, was Zinn impliziert, was es meint und in sich birgt? Darf man konkretisierend annehmen - ein Schwert? - oder Schwerter? - oder Rüstung überhaupt? - oder Rüstungsproduktion? - oder Krieg? Verschränkt damit ist eine weitere Frage zu klären: Legt es sich nicht vom folgenden Vers, von Am 7,9 her nahe, zumindest das Zinn in Gottes Hand als Schwert zu identifizieren, als bronzenes Schwert? - Um die letzte Frage zuerst aufzugreifen: Man kann es kaum übersehen, daß v. 9 eine Gestaltung sui generis ist, ein Stück gehobener Rede, welches speziell und persönlich zuspitzt, überdies überleitet und in gewisser Beziehung harmonisiert. Kurz: v. 9 ist Hinzufügung, Einschub, - redaktionell[56]. Es ist also erst ein Späterer, ein Redaktor, der die Rede konkret aufs Schwert bringt, - aufs Schwert, mit welchem sich Gott, nicht minder konkret, wider ein Königshaus wendet, ein ganz bestimmtes, auch namentlich genanntes. Dabei ist der Redaktor der Meinung, er drücke mit חֶרֶב / Schwert nur eben präziser und deutlicher aus, was Amos als Zinn wahrnahm. Der Sachverhalt ist erheblich. Geht aus ihm doch hervor, wie einer, der n a c h Amos schrieb, aber eben noch in alttestamentlicher Zeit, אֲנָךְ verstanden hat: Er begriff das Wort als Umschreibung einer Waffe, dachte nicht entfernt an Bleilot oder Brecheisen. Insofern bestätigt der Einschub

55 La vision de l'étain, in: VT 16, 1966, 394.

56 Mit H.W. WOLFF, Dodekapropheton 2, BK XIV/2, ²1975, 340f. 348f; S. AMSLER, Amos, CAT XIa, 1982, 227 u.a.

unsere Sicht der Dinge und die Bedeutungsbestimmung Zinn. - Auf der anderen Seite tritt aber, im Kontrast mit der konkreteren Redaktion, die Eigenart unserer Visionserzählung nur um so klarer hervor. Diese kann und will nicht im selben Maß konkret und präzise werden. Scharf Konturiertes war in der Vision nicht zu sehen. Schon gar nicht jedwedes Detail. Im Glanz des Stoffes Zinn erstrahlte das große Ganze. Das Bild, das dem Visionär erschien, war unbestimmter und weiter als חֶרֶב . Es legte seiner Art nach nicht nahe, in Begriffe, in enger umgrenzte, umgesetzt zu werden. Also ist die von BRUNET herrührende Frage überhaupt nicht textadäquat. Es ist angemessener, sich mit jenem Bild zu bescheiden: Zinn rückt ein Potential von Macht und Kraft und Härte vor Augen. Sein Glanz verrät, daß es von Gott herrührt, von ihm her aufgeboten ist. Zinn bei der Mauer demonstriert deren Unbezwingbarkeit. In Gottes Hand ist es Andeutung enormer Waffengewalt, der Menschen nicht standhalten können. Und Zinn, von Gott in die Mitte seines Volks bewegt, ist gottgewollte, gottgelenkte unwiderstehliche Invasionsmacht. אֲנָךְ: ist bei alledem "das Zinn der Bronze"[57]. Es impliziert - ohne daß sich differenzierter wahrnehmen ließe - Waffen und Rüstung samt feindlicher Truppen. Welche es letztlich, wenn die Vision sich verwirklicht, sein werden, - welche Waffen und welche Feinde, ist zunächst nicht erkennbar, im Bild der Vision verhüllt. Es ist ja auch nachzuvollziehen, daß an Explizierung und Differenzierung nichts Entscheidendes hängen kann. Beide bleiben - nicht mehr für lange, sondern nur noch für eine kleine Weile - Sache der Zukunft. Sie werden sich ohnehin schneller einstellen, als es sich irgendjemand in Israel wünschen kann. - Alles in allem ist klar: es ist wider die Natur der Vision, das, was in Jahwes Hand und von ihm bewegt ist, auszudifferenzieren. Selbstredend kann der Redaktor, der als Nicht-Visionär seinen Vers einfügt, in des Allherrn Hand ein Schwert sein lassen. Amos selbst sieht in der Vision viel mehr. Er schaut Umfassenderes. Er nimmt etwas wahr, was - nicht zu vergessen! - auch bei der Mauer ist und mit ihr in noch zu klärender Weise verbindet.

---

57 Anm. 42!

Ehe wir diesem Zusammenhang nachspüren, halten wir für einen Augenblick inne, um einen Blick zurück und, mehr noch, einen zur Seite zu tun. - Im Rückblick zeichnet sich ab: Zum einen, es sei, bisher zumindest, von der Bedeutungsbestimmung Zinn her exegetisch nicht schwierig gewesen. Zum anderen, es habe sich wie erwartet ausgezahlt, daß bei der Exegese des Textes sein Bezug auf Vision und Visionserfahrung mit einiger Konsequenz berücksichtigt worden ist. - Der Blick zur Seite gilt einigen V e r s i o n e n , Übersetzungen der Antike. Denn es würde ein Verlust für die Sache - keineswegs nur für die Gelehrsamkeit - sein, sie bloß anfänglich einzubeziehen und nun nicht vergleichsweise zu fragen, was denn s i e vom Textsinn erfaßt und, transponiert in je ihre Sprache, ausgedrückt haben. Allerdings, es muß hier genügen, auf die allerwichtigsten Zeugen zu achten, auf Vulgata, Septuaginta und Aquila, und jeweils nur eine Pointe geltend zu machen:

Bei der erstgenannten Version, der Übersetzung des Hieronymus, reicht es, in Erinnerung zu rufen, sie habe vielleicht noch das Wissen um das richtige Metall gehabt, freilich ohne dessen einstige Bedeutung hinreichend mit zu erfassen. Bei der Septuaginta verdient Beachtung, daß sie אֲנָךְ mit dem Wort ἀδάμας oder mit dem entsprechenden Adjektiv übertragen und so auf superhartes Eisen abgehoben hat. Metallisch superhart die Mauer; metallisch superhart, was der Herr in der Hand hält und was er in die Mitte seines Volkes bewegt. Aquila übersetzt stattdessen mit γάνωσις und kehrt so, vermutlich durchweg, eine andere Bedeutung hervor: die nämlich von Politur, Glasur und Glanz. Will es nicht scheinen, als habe jede dieser Versionen ein richtiges Bedeutungsmoment bewahrt, - die Vulgata vielleicht, daß es um Zinn geht, die Septuaginta, daß härtestes Metall in Sicht kommt, und Aquila, daß da irgendwie Glanz aufleuchtet? Sicher, nicht eine dieser Versionen hat die ganze Visionserfahrung mit allen Teilmomenten zu rezipieren und zusammenzuhalten vermocht. Aber, je zu einem Teil spiegeln alle diese Übersetzungen - einem zersprungenen Spiegel mit seinen Segmenten vergleichbar - das im Grundtext Gemeinte wider. Der Sprung ist dabei nicht allein durch den Übergang in die andere Sprache bedingt. Vielmehr auch und vielleicht noch mehr durch die Schwierigkeit, das, was die Vision mit ihren Bildern eint, nicht-visionär und mit mehr vernünftigen Übersetzungsschritten nahebringen zu müssen. Der Zwang, Vision und Visionserfahrung aufs andere Ufer nichtvisionären Bewußtseins und gewöhnlicher Sprache hinüberzusetzen, bringt die Gefahr des Mißverstehens und der Desintegration des ursprünglich Gemeinten mit sich[58]. Ebendieser Gefahr sind die alten Übersetzer nicht allein und nicht als erste ausgesetzt gewesen. Im Grunde genommen ist ihr auch schon jener R e d a k t o r , der Interpolator des Stückes Am 7,9, erlegen. Die Desintegration des visionär Geschauten unter den Händen des Nichtvisionärs ist hier, schon relativ bald nach Amos und noch in alttestamentlicher Zeit, charakteristisch wahrzunehmen: Statt der großartigen Impression des breithin wirkenden und gleißenden Zinns, das gar bis in die Mitte des Gottesvolks zu penetrieren beginnt, ist es redaktionell das eng konturierte Schwert. Und die Versionen kommen zu anderen Verengungen und Einseitigkeiten. Die eine Übersetzung spricht nur noch vom Glanz und verliert das metallisch Superharte aus dem Blick. Die andere Version verkürzt gerade umgekehrt. Und die dritte im Bunde transformiert herunter ins banale Bild der Maurerkelle. Gleichwohl sind alle, Redaktor und Übersetzer, trotz Desintegration und Minderung dem in der Vision Geschauten noch immer viel näher als die Masse der neueren Exegeten, welche nur noch Prüfung und Bleilot und Bleilot und Prüfung im Sinn haben - und ausnahmsweise Prüfung und Brecheisen.

Am Ende unseres Blicks zur Seite ist klar, wie unverzichtbar er war. Erweist er sich doch als Blick in die W i r k u n g s -

---

58 In Anlehnung an das Wort des modernen Visionärs Sadhu Sundar Singh: "... die Sprache und die Bilder dieser Welt reichen nicht zu, um diese (visionär wahrgenommene) Geisteswirklichkeit auszudrücken; und der bloße Versuch, diese Herrlichkeit des Geschauten in gewöhnliche Sprache zurückzubilden, führt leicht zu Mißverständnissen." Zitiert nach E. BENZ, Die Vision. Erfahrungsformen und Bilderwelt, 1969, 325.

g e s c h i c h t e des Visionstexts. Verfolgt man aus ihr die Linien zurück, so bündeln sie sich, wie leicht zu verstehen, weder in der Bleilot- noch in der Brecheisenszene. Sie konvergieren vielmehr - ganz zwanglos und wie von selbst - im Erscheinungsbild des Stoffes Zinn. Wer die Reflexe in der Wirkungsgeschichte sammelt, dem addieren sich Zug um Zug - Waffengewalt, extrahartes Metall und Glanz, vielleicht auch das ausdrückliche Wissen um Zinn. So oder so kommt d a s zusammen, was das damalige Erscheinungsbild des Stoffes Zinn ausmacht. Ergo erscheint im zersprungenen Spiegel, den Redaktion und Versionen im Verein miteinander bilden, zwar gebrochen, aber noch immer verifizierend genug, just unsere Sicht der Dinge!

Da könnte Triumpf aufkommen. Indes, gemach! Zum Triumphieren ist's noch zu früh. Wir sind noch nicht überm Berg, - genauer, noch nicht über der M a u e r ! Wer sich den Durchblick bewahrt, der findet - im Gesichtskreis der Zinn-Exegese - die Mauer in der Vision noch ziemlich unbewältigt. Sie ist so gut wie das erste, was die Visionserzählung erwähnt. Sie ist nachgerade das letzte, was zu erklären bleibt. Sie ist - nicht übertrieben - zum Kriterium fürs Ganze geworden: Ist sie nicht, im Kontext der dritten Vision, restlos plausibel zu machen, so hakt unsere Erklärung im ganzen! - Was also ist mit der Mauer?

Selbstredend kommt's darauf an, daß sie aus unserer Sicht der Dinge und von der Bedeutungsbestimmung "Zinn" her verständlich wird. Die Mauer so, wie der Text von ihr spricht. Die näherbestimmte Mauer. Die aus אֲנָךְ[59]. Im Sinngefüge unserer Exegese

---

59 Anm. 13-15! Es ist keine Empfehlung für die Erklärung mit dem Bleilot oder dem Brecheisen, daß sie gern mit Änderungen des Textes einhergeht! Oft genug will man es nur mit חוֹמָה, der nicht näher qualifizierten Mauer, zu tun haben. Siehe Anm. 2 und überhaupt Teil I! Oder, wenn eine Näherbestimmung in Kauf genommen wird, dann will man sie möglichst neutral

müßte zweierlei unterkommen: Erstens, daß da, in der dritten Vision, überhaupt eine Mauer ist, und zweitens, daß sie aus[60] אֲנָךְ besteht, unserer Bedeutungsbestimmung gemäß aus Zinn.

---

und nichtssagend haben. So ist חוֹמַת אֶבֶן genehm: Irgendeine Mauer, eine steinerne Mauer, eignet sich besser als Prüfungs- oder Abbruchsobjekt als die חוֹמַת אֲנָךְ. - Bezeichnend ist, daß die Bleilot-Deutung, wenn sie schon einmal auf die Mauer-Stelle, so wie sie überliefert ist, eingeht, aus Verstehensschwierigkeiten nicht herauskommt. Welchen Sinn könnte etwa die Auffassung haben, die in neueren Kommentaren und Bibelübersetzungen anzutreffen ist: Bleilotanlegung an einer Mauer, die bleilotgerecht erbaut worden ist, - an einer dadurch näherbestimmten Mauer, daß sie mit jenem Nivelliergerät gemauert worden ist? Wenn sie חוֹמַת אֲנָךְ - philologisch nicht unbedenklich; Anm. 15! - in diesem Sinne ist, warum fällt sie dann durch, wenn Jahwe das Bleilot anlegt? Warum ist sie dann, nach diesem Verständnis, abbruchwürdig? Hatte das damals verwandte Lot nichts getaugt? Oder war mittlerweile der Baugrund ins Wanken geraten - so ähnlich wie beim schiefen Turm von Pisa? Warum wird, wenn so Spektakuläres dazwischengekommen ist, davon jedoch im Text nichts erwähnt? - Nein, חוֹמַת אֲנָךְ ist so nicht verständlich gemacht! Die opinio plurium versagt bei der Erklärung der Mauer, ob sie sich auf den überkommenen Wortlaut einläßt oder ihn zu ihrer Bequemlichkeit ändert! Wer die Passage mit der Mauer erst "emendierend" zurechtklopfen muß, um über sie hinwegzugelangen, der gibt zu erkennen, daß er mit der Erwähnung der Mauer, so wie sie ist, nicht zurechtzukommen vermag! - Meine also nur niemand, auf der Grundlage der Bleilot- oder Brecheisendeutung machte die Plausibilisierung der Mauer, wie sie textlich bezeugt ist, keine Schwierigkeiten! - Dies en passant zur Lage der Dinge auf der Gegenseite!

60 Mit B. LANDSBERGER. Siehe Anm. 15!

Vor uns hat Gilbert BRUNET sich hier versucht[61]. Wie erinnerlich so, daß er אֲנָךְ חוֹמַת , die Mauer aus Zinn, auf welcher der Allherr steht, lediglich als Ressourcenhalde versteht. Gott ist auf so unerschöpflichem Zinnvorkommen, daß er, unter sich schürfend, den Stoff für immer mehr Waffen erhält, für eine alptraumartig fortgehende Rüstungsproduktion, die auch den Rest der Hoffnung, verschont zu bleiben, erdrückt. - Man mag diesen Versuch, mit der Mauer aus Zinn zurechtzukommen, faszinierend finden. Überzeugen kann er nicht. Nimmt er doch von den beiden vorhin unterschiedenen Textelementen nur eines ernst: das Zinn, aber nicht die Mauer! Es geht nicht an, der Mauer das, was sie zur Mauer macht, so mir nichts, dir nichts zu nehmen. Bei allem Respekt vor den Verdiensten BRUNETS - s o ist die אֲנָךְ חוֹמַת im Zusammenhang der dritten Vision bestimmt nicht verständlich zu machen!

Geraten ist, sich darauf zu besinnen, was eingangs unserer Studie zur Bedeutung des Wortes חוֹמָה vermerkt worden ist[62]: חוֹמָה meint nicht stets, aber eben a u c h und gewiß nicht zuletzt, die schützende Umfassungsmauer eines Ortes, einer Stadt, ihren Befestigungswall. Zwar haben wir gelernt, die Bedeutung, auf welche die Etymologie zurückweist, nicht ohne weiteres bei jedem aktuellen Gebrauch eines Wortes vorauszusetzen. Bedenkenswert ist aber doch, daß חוֹמָה von einem Verb herrührt, das "behüten"/ "schützen" bedeutet[63]. Es ist nicht zu gewagt, auch bei der חוֹמָה in unserer Vision eine Mauer ins Auge gefaßt sein zu lassen mit der üblichen Schutzfunktion; eine Mauer, die Menschen, welche dahinter wohnen, zum Schutze gereicht. Erst recht läßt der machtvolle, harte Stoff, aus welchem die Mauer besteht, in diesem Verständnis gewiß werden: חוֹמָה aus Zinn - das ist nicht ein beliebiges Mauerstück, nicht Umfassung eines Durchschnittshauses[64]

---

61 Literaturangabe Anm. 21.

62 Siehe oben Anm. 1!

63 Siehe bei W.Th. IN DER SMITTEN, ThWAT II, 1977, 806f!

64 Siehe dazu IN DER SMITTEN, a.a.O., II.2, 809!

oder sonst irgendeines Flurstücks. Nein, das ist die alle Durchschnittlichkeit überragende Befestigungsmauer, die denen dahinter Schutz gewährt und denen davor - kraft des potenten Stoffs, aus welchem sie besteht - gewaltig widersteht. Statt im Banne der Bleilotvermesserei irgendeines Gemäuers gefangen zu bleiben, hätte man hier, bei diesem Text, längst einbringen sollen, was über חוֹמָה im alten Israel, kundig erforscht, zu lesen steht. Etwa auch das, daß da mit Rammböcken der Angreifer zu rechnen war, mit Mauerbrechern, an den Spitzen mit hartem Metall verstärkt[65]. Mußte es dann nicht darauf ankommen, die חוֹמָה aus noch stärkerem Stoff sein zu lassen? Auch ist ins Kalkül zu ziehen, daß das Erklettern der Außenmauer durch deren Glättung abzuwehren war[66]. Konnte dann nicht eine Mauer aus Zinn auch hinsichtlich dieser Gefahr als optimal erscheinen? Nachzulesen ist schließlich, daß aus zahlreichen Reliefs hervorgeht, die חוֹמָה sei oben breit genug für die Aufstellung von Posten gewesen[67]. אֲדֹנָי נִצָּב עַל־חוֹמַת אֲנָךְ - sollte dieses dann nicht, im Kontext der bekannten "Realien", besagen, der Allherr selbst habe auf jener Mauer in der Vision - als Garant des Schutzes - Posten gestanden? Warum sollte dieses Verständnis unseres Textes nicht in Betracht kommen können?

Endlich ist im Auge zu behalten, daß, was sich abzeichnet, v i s i o n ä r wahrgenommen ist. Dies läßt noch ein weiteres Mal E. BENZ mit seinem Buch über "Die Vision" zum Zuge kommen. Er stellt auch Belege zusammen, die zeigen, daß die Mauer - als Teil der "hochgebauten Stadt" - in christlichen Visionen eine wichtige Rolle gespielt hat[68]. Die Mauer hat in der Bilderwelt der Visionen ihren Platz. Was ja auch biblisch begründet ist.

---

65 IN DER SMITTEN, a.a.O. 809.

66 IN DER SMITTEN, a.a.O.

67 IN DER SMITTEN, a.a.O. 808. Siehe nicht zuletzt Y. YADIN, The Art of Warfare in Biblical Lands in the Light of Archaeological Discovery, 1963, 19ff.324ff.388ff u.ö.!

68 A.a.O. 353ff.363ff.

Wem käme nicht die Vision in der Apokaplypse des Johannes (21, 10ff) in den Sinn - mit ihrer Mauer, die wohlgemerkt auch aus köstlichsten Stoffen ist[68a]? Drängt sich nicht der Eindruck auf, unsere Amos-Vision, die die Mauer aus Zinn in den Blick rückt, sei rückwärts betrachtet ein ausgesprochen einschlägiger Beleg, soweit abzusehen der älteste von allen Belegen?

Was die Mauer so wichtig gemacht hat, daß sie Gegenstand von Visionen wurde, liegt - gerade auch im Zusammenhang der Entwicklung altvorderorientalischer Stadtkultur - auf der Hand[69]: Die Mauer entnimmt das städtische Leben seiner Schutzlosigkeit, schafft Schutz und Geborgenheit. Die Mauer der dritten Amos-Vision tut dies in besonderer Weise. Als Gottes Mauer: Der Allherr steht auf ihr Posten! Als Mauer aus Zinn ist sie, wie es den Möglichkeiten Gottes entspricht, beschaffen. Und so bedeutet sie machtvollsten, wirksamsten Schutz.

Zu fragen bleibt schließlich, ob Amos die Vorstellung von dieser zinnernen Mauer ohne V o r g a b e und Anknüpfungspunkt, originell sozusagen, hervorgebracht hat. Vielleicht möchte man meinen, der Moment visionärer Ergriffenheit sei zu solcher Hervorbringung angetan. Indes, es mahnt zur Vorsicht, was BENZ zum Verhältnis von Vision und Tradition erhoben hat[70]: Da gibt es eben, wenn man die Vielzahl christlicher Visionstexte überschaut, "eine erstaunlich kontinuierliche Tradition der Bilder", also auch, bei aller Spontaneität visionärer Wahrnehmung, T r a d i t i o n s - a b h ä n g i g k e i t . Grund genug, auch in alttestamentlicher Zeit mit der Möglichkeit zu rechnen, es könnten beim Visionär, im Zuge der Gestaltwerdung seiner Vision, vorgegebene Elemente zum Tragen kommen, ererbte Vorstellungen und Wendungen. Und in der Tat: im alten Vorderen Orient und im antiken Ägypten hat es die offensichtlich geprägte Vorstellung und Wendung von der "Mauer aus Erz", der "Mauer aus Bronze" gegeben. A. ALT hat die

---

68a Vergleichenswert Jes 54,11ff.

69 L. MUMFORD, City invincible, nach E. BENZ, a.a.O. 353.

70 A.a.O. 443ff.

Belege schon zu Beginn der dreißiger Jahre zusammengestellt und untersucht[71]. Dabei hat sich des näheren ergeben, daß jenes Element, bezogen meist auf Pharaonen, daneben aber auch auf Götter, zur Verwendung gekommen ist. Es ist klar, daß diese Bezüge aufs engste zusammenhängen. Denn Ägyptens Könige sind - nicht persönlich, wohl aber in Wahrnehmung ihres Amtes - göttlich[72]. "Mauer aus Erz" ist mithin, sei es mittelbar oder unmittelbar, gottbezogen gebräuchlich gewesen. Quasihymnisch wird so oder so der von Gott herrührende Schutz für Heer oder Land gerühmt. A. ALT hat nicht klarzustellen vergessen, daß in aller Regel mit einem Wort für Mauer formuliert worden ist, das Umfassungsmauer bedeutet[73]. - Von besonderem Interesse ist in diesem Zusammenhang ein Brief aus der El-Amarna-Korrespondenz. Er läuft unter Nr. 147[74], geht auf Abimilki von Tyrus zurück und ist an den ägyptischen König gerichtet. Er apostrophiert diesen als "Götter" und "Sonne". Abimilki rühmt Pharao in akkadischer Sprache als du-u-ri siparri[75], als "Umfassungsmauer[76] aus Bronze". Damit ist klar:

---

71 Unter dem Titel "Hic murus aheneus esto" (nach Horaz, Episteln, I, 1, 60), veröffentlicht in ZDMG 86, 1933, 33-48.

72 Zum besseren Verständnis H. BRUNNER, Grundzüge der altägyptischen Religion, 1983, 64-76.

73 Sonst mit einem andern, welches sie meinen kann und in den gegebenen Fällen tatsächlich auch meint. ALT, a.a.O. 39.

74 Bei J.A. KNUDTZON (Hg.), Die El-Amarna-Tafeln, I, 1915.1964, 609ff und S.A.B. MERCER (Hg.), The Tell El-Amarna Tablets, II, 1939, 480ff.

75 In Zeile 53. Bei KNUDTZON (Hg.), a.a.O. 610, bei MERCER (Hg.), a.a.O. 484. - Zum Namen Abimilki am Rande Gen 20 und Ri 9 sowie die Parallelen, die J.A. SOGGIN, Judges, OTL, 1981, 166/167 zusammenstellt.

76 Vergleichenswert W. v. SODEN, Akkadisches Handwörterbuch, I, 1965, 178.

in der Nachbarschaft der Region, in der sich das biblische Israel konstituierte, war lange vor Amos der Gedanke lebendig - und geprägt! -, eines Gottes Schutz[77] sei "Mauer (Umfassungsmauer) aus Bronze", bedeute für die Seinen ebendies. Wer würde, wenn dem so ist, noch schwören wollen, Amos, der alttestamentliche Visionär aus Zeitläuften nach "El-Amarna", habe jene "Mauer aus Zinn", auf welcher der Allherr steht, traditionsunabhängig erschaffen? Nein, es ist viel wahrscheinlicher, daß bei ihm, als er die dritte Vision erlebte, ein vorgegebenes geprägtes Element zum Tragen gekommen ist[78]. - Unübersehbar ist, daß es hier und dort um eine Nuance verschieden ausgeformt ist: "Mauer aus B r o n z e" und "Mauer aus Z i n n"! Indessen, wenn in Erinnerung gerufen wird, daß die Vorzüge der Legierung Bronze vornehmlich dem Zinn

---

77 Darum geht es in jedem Fall. Siehe die auf E. EBELING zurückgehende Erwägung zu Zeile 53 bei J.A. KNUDTZON (Hg.), Die El-Amarna-Tafeln, II, 1915.1964, 1246! Anders S.A.B. MERCER, a.a.O. 485.

78 Am Rande verdient Erwähnung, daß einigermaßen entsprechend ein Element der Ausformung der fünften Amos-Vision in einem anderen El-Amarna-Brief präformiert ist. Am 9,2: "Wenn sie in die Scheol einbrechen, packt meine Hand sie von dorther. Und wenn sie zum Himmel aufsteigen, hole ich sie von dort herunter." El-Amarna-Brief Nr. 264, geschrieben von einem gewissen Tagi an den ägyptischen König seiner Tage: "Wenn wir hinaufsteigen zum Himmel, wenn wir hinabsteigen zur Erde, so ist unser Haupt in deinen Händen." J.A. KNUDTZON (Hg.), a.a.O., I, 826f; S.A.B. MERCER, a.a.O., II, 676f. Hier und dort ist derselbe Gedanke, der nämlich, nicht entrinnen zu können, einigermaßen gleich gestaltet. - Die Tatsache, daß ein weiterer Berührungspunkt vorliegt, soll gewiß nicht überbewertet werden. An sich könnte derselbe Gedanke mehrmals entstanden sein. Wahrscheinlicher wird aber sein, daß er, nachdem er Gestalt gewonnen hatte, in einen Schatz geläufiger Denk- und Sprachelemente Eingang gefunden und so immer wieder Verwendung gefunden hat. Die Berührungspunkte dürften aus der Zählebigkeit eines solchen Repertoires im alten Vorderen Orient resultieren und zu erklären sein.

zugeschrieben worden sind, dann ist der Schritt von der einen Ausformung zur anderen nicht mehr groß. Die Frage, w e r ihn erstmals getan hat, ob Amos oder vor ihm ein anderer, wird kaum zu entscheiden sein. Es liegt auch an ihr nicht viel. Wichtig ist bloß, daß in der dritten Vision des Amos Traditionelles zum Tragen gekommen ist. - Was jahrhundertelang geprägtes Element der Gottesrühmung gewesen ist, das gerät jedenfalls im Visionserleben des Amos zu einem szenischen Bild. Die Schutz gewährende Gottheit, in jener Wendung üblicherweise gerühmt, erscheint nun selbst auf der Szene, visionär-übersinnlich wahrzunehmen. Die Mauer, Prädikat der Rühmung, tritt, in derselben Art sinnenfällig, mit in Erscheinung. Sozusagen als Postament, das den auf ihr postierten Gott expliziert. Nicht viel anders, als das Postament des Jungstierbilds - an den Reichsheiligtümern von Bethel und Dan etwa[79] - die auf ihm erscheinende Gottheit in ihrer Bedeutung erläutert. Die Mauer, genauer, die Umfassungsmauer aus Zinn, symbolisiert den Schutz, expliziert in sinnenfälliger Weise, in ihrer Beschaffenheit gar die Sinne überwältigend, die Schutzmacht, die unübertreffliche, des auf ihr stehenden Gottes. Die Schutzmacht, wie sich von selbst versteht, zugunsten seines Volks. Dieses ist, unausgesprochenermaßen, durch die Stadt hinter der Mauer verkörpert. Die Bedeutung des ersten Bilds in unserer Vision ist klar, könnte klarer überhaupt nicht sein. Im Lichte der geprägten Vorstellung und Wendung, die ALT vor etwas mehr als einem halben Jahrhundert erkundet hat und die, erstaunlicherweise, "bis auf diesen Tag" noch niemand zum besseren Verständnis unserer Amos-Vision herangezogen hat[80], wird der Sinn der Mauer-Erscheinung in unserer Vision ersichtlich.

---

79 1Kö 12,26ff!

80 ALT selbst nicht; er beschränkte sich freilich - unter Berufung auf BÖHL - auf Nachklänge im Jeremiabuch (1,18; 15,20), setzte aber hinzu, daß "ein solcher Nachklang im Alten Testament durchaus nicht vereinzelt" sei; er könne das in jener Studie nur eben nicht weiter ausführen. Hic murus aheneus esto, ZDMG 86, 1933, 46f. Nach ALT - und vielleicht ja auch schon bei ihm selbst - sorgte die herrschende Bleilot-Auslegung dafür, daß niemandem einfallen konnte, den Zusammenhang herzustellen.

Nachgerade bedarf nur noch eins der Klärung: wie die durch die Mauer aus Zinn in Szene gesetzte Schutzmacht Gottes mit dem Unheil bedeutenden Zinn zusammenhängt, welches Gott - wie in seinem Wort eröffnet - mitten in sein Volk hineinzubringen dabei ist. - Dies zu erklären ist aber nicht schwer und von dem her, was wir als filmisch bewegte Art der Vision erkannt haben, fast wie von selber verständlich:

Das Eröffnungsbild zeigt, wie eben umschrieben, אֲדֹנָי נִצָּב עַל־ חוֹמַת אֲנָךְ - den Allherrn auf zinnerner Mauer auf Posten, wehrhaft-machtvoll sein Volk beschützend. Das Eröffnungsbild stellt so - einfach und doch höchst expressiv arrangiert - das herkömmliche Gottesverständnis der Israeliten vor Augen: die Gewißheit, in diesem Gott vor Feinden verläßlich geborgen zu sein. - Das Detailbild, das folgt und Zinn in des Allherrn Hand in den Blickpunkt rückt, וּבְיָדוֹ אֲנָךְ, relativiert das Ausgangsdatum im ersten Bilde noch nicht: Waffen und Wehr in Gottes Hand sind in diesem Stadium visionären Erlebens durchaus noch d e f e n s i v zu verstehen: als Verstärkung des Schutzeffektes der Mauer[81]. Noch immer nötigt nichts, das Zinn in des Allherrn Hand als Bedrohung zu empfinden. - Auch in der Bildimpression, die nächstfolgend zur Sprache kommt, deutet sich ein Umschwung nicht an: "'Was siehst du, Amos?' Ich sagte: 'Zinn.'" S e i n e Erscheinung dominiert, zieht alle Aufmerksamkeit auf sich. Nichts an ihr, rein gar nichts, verrät, daß das Zinn drauf und dran ist, seine

---

81 Auch der Bogen, Waffe der Bogenschützen, welche auf der Krone der Mauer zu deren Verteidigung eingesetzt werden konnten (2Sam 11,20.24; siehe oben Anm. 67!), ist durchaus mit "Zinn" zu umschreiben. Denn es gab (wenn auch im einzelnen, in Konstruktion und Beschaffenheit schwer erklärlich) im Alten Orient und biblischen Israel den "ehernen", bronzenen Bogen (2Sam 22,35; Ps 18,35; Hiob 20,24; siehe auch W. BAUMGARTNER / J.J. STAMM, Hebräisches und aramäisches Lexikon zum Alten Testament, III, [3]1983, 648 und vor allem H. BONNET, Die Waffen der Völker des alten Orients, 1926.1977, 148f!). Auch er ist, als bronzene Waffe, vom Zinn abhängig.

Stoßrichtung umzukehren. Nirgendwo eine Spur von Peripetie! Dementsprechend kommt auch in des Propheten Antwort nicht *mehr* zur Sprache als "Zinn". Kein Moment der Diagnose oder Prognose! - Kein Zufall ist es und höchst bezeichnend, daß erst *Gottes Wort*, auditiv vernommen, Einblick in den einsetzenden Umschwung gewährt, mit einem Schlage und grundstürzend ändernd: הִנְנִי שָׂם אֲנָךְ בְּקֶרֶב עַמִּי יִשְׂרָאֵל "Siehe, ich bin dabei, Zinn mitten hinein in mein Volk Israel zu bringen!" Das Signal springt um: von Inschutznahme und Verteidigung - von Mauer sozusagen - auf Angriff. Gott nimmt sein Volk, traditionelle Gewißheiten zerbrechend, nicht länger in Schutz, sondern gibt es preis, attackiert es gar selbst, bringt eigenhändig Feinde in seine Mitte. Unter der Hand, unter seiner Hand, verwandelt sich das erschienene Zinn, nimmt entgegengesetzte Stoßrichtung an, verkehrt sich zum Angriffspotential, herangebracht vom eigenen Gott, hineingeführt in den bis dahin geschützten Bereich hinter der Mauer, hinein ins Jahwevolk, in seine Mitte. Es scheint so, als erkläre sich die Formulierung בְּקֶרֶב, oftmals als seltsam und schwierig empfunden, aus dem Bild der חוֹמָה, der Umfassungsmauer. Da mitten hinein, ins Zentrum des ummauerten Bereichs, in die Mitte seines Volks läßt Jahwe in allernächster Zukunft Invasoren einbrechen, mit ihrer auf Zinn basierenden Waffengewalt. Es ist so, als kehre sich der Allherr oben auf der Mauer mit dem Zinn in der Hand, das bedrohlichen Charakter annimmt, um 180^{0} um - aus der Orientierung des Schutzgotts in die Angriffsposition eines Feinds. Sagt er doch auch im selben Augenblick: "Nicht mehr länger gehe ich (schonend) an ihm (meinem Volk) vorbei!"

Ergo ist die Mauer, die im Duktus unserer Erklärung widerständig erschien, im Ganzen der Vision nicht etwa bloß unterzubringen, sondern unentbehrlich: als Ausgangsdatum und Folie des Umschwungs, der im Verlauf des visionären Geschehens in Gang zu kommen beginnt. Aus der Gotteserscheinung im Zeichen der Mauer, die Schutz und Inschutznahme symbolisiert[82], entwickelt sich - anfangs lang-

---

82 Man vergleiche nicht zuletzt auch M. LURKER, Wörterbuch biblischer Bilder und Symbole, 1973, 203/204! Nur im Banne der

sam, mäeutisch, in Frage-Antwort-Manier, dann jählings, in blitzschnellem Finish - eine schockierend konträre Gottesbekundung: Aus dem Schutzgott wird unversehens der sein Volk attackierende, verheerende Allherr.

Der Wandlungsprozeß, bei dem aus vertraut traditionellen Konturen ein ganz anderer Gott hervorbricht, verbindet plausibel und ungezwungen alle Elemente der Visionserzählung; er erklärt ihre Züge und Formulierungen sämtlich, ohne irgendetwas im dunkeln zu lassen. Er läßt Änderungen am Text[83] und Annahmen zwischen den Zeilen vollkommen entbehrlich werden. Er entspricht im ganzen und im einzelnen dem Wortlaut so, wie er überkommen ist. - Darf also nicht füglich resümiert werden, die philologisch einzig mögliche Bedeutungsbestimmung beim Wort אֲנָךְ - mit "Zinn" - sei auch exegetisch bewährt?

Bleilotexegese läßt sich so ganz übersehen, was notorisch und allbekannt ist!

83 Siehe hierzu oben Anm. 2.(13.14.)51.59!

IV
applicatio
- Kontextbewährung

Nicht daß es nach allem noch weiterer Begründung bedürfte. Das dargelegte Verständnis der dritten Amos-Vision ist begründet genug. Nur eben - es wäre schade, käme nicht noch, wenigstens andeutungsweise, in Sicht, in welchem Maße Grundzüge des Geschauten und Gehörten im Kontext des von Amos Überkommenen Entsprechungen haben:

Solche finden sich, bis zu einem gewissen Grade, gleich in der Erzählung von der *vierten Vision*, Am 8,1-2. Dieses Textstück gehört unstreitig mit der Erzählung von der dritten Vision am engsten zusammen. Es dokumentiert wie diese, auch in derselben Anlage, daß Gott sich entschlossen zeigt, nicht noch einmal erbarmend-verschonend an seinem Volk vorüberzugehen. - Was den fünften Visionsbericht anlangt, so bleibt dieser zwar, extrem zugespitzt, tendenziell im selben Duktus, 9,1-4. Er ist aber anders angelegt und abweichend ausgestaltet. Was die Erzählungen von der ersten und zweiten Vision, 7,1-3.4-6, angeht, so gehören sie auf die andere Seite der tiefen Zäsur, indem sie belegen, daß Gott, von Fürbitten bewegt, nochmals, aber sichtlich letztmalig, Erbarmen walten läßt. Ebendadurch sind sie von den folgenden Erzählungen, gleicher Einleitung zum Trotz, erheblich unterschieden. - Mithin ist klar, daß der Bericht von der vierten Vision mit dem von der dritten - mehr als mit den übrigen - zusammengehört, daß er mit ihm *gepaart* ist. Das ist der Grund, warum just in ihm, in 8,1-2, Entsprechungen in Grundzügen zu gewärtigen sind.

In der Tat sind sie da, mit Händen zu greifen. Denn auch hier katapultiert sich, freigemacht im selben mäeutischen Verfahren, aus der ersten Impression eine zweite hervor. Wobei sich letztere von der ersteren wie die Nacht vom Tag unterscheidet. - Eröffnungserscheinung[84]: ein Korb mit Sommerobst, כְּלוּב קָיִץ . Ob kul-

84 Im Sinne von I.P. SEIERSTAD, Die Offenbarungserlebnisse der

tisch-rituell gerahmt[85] oder nicht, die Erscheinung kann kaum anders als positiv berührt haben. Dann aber, in der Weiterentwicklung der vierten Vision, springt jäh aus dem angenehmen Bild der entsetzlichste Kontrast hervor: aus קַיִץ קֵץ. Was die klangliche Oszillation bedeutet, das schleudert - auch hier! bezeichnenderweise! - das Wort des Allherrn hervor: בָּא הַקֵּץ אֶל־עַמִּי יִשְׂרָאֵל Das Ende, das Aus fürs Jahwevolk ist gekommen! - Es sind hier tatsächlich dieselben Grundzüge wie bei der dritten Vision zu beobachten: War es dort, beim Potential des Zinns, zur plötzlichen Umorientierung gekommen, zum Umschwung der Stoßrichtung, Israel zum Unheil statt zum Heil, so ereignet sich hier, abermals am selben Punkt, bei קַיִץ, das phonetisch-akustisch קֵץ in sich birgt, im Grunde genommen dasselbe[86]. Ebendiese Entsprechung in der Grundstruktur zeigt aber - auf ihre Weise und zu allem hin -, daß die dritte Vision wie dargelegt ganz richtig verstanden ist.

Indessen, auch a u ß e r h a l b der Visionserzählungen, in der sonstigen Verkündigung unseres Propheten, findet sich das eruierte Grundmuster wieder, bemerkenswerterweise gleich einige Male. Naturgemäß dort, wo Unheil angedroht wird. So in Am 5,18-20. Da in der Art und Weise, in der die herkömmliche Vorstellung vom יוֹם יְהוָה - vom Tag, der durch Jahwes Eingreifen bestimmt ist[87] -

---

Propheten Amos, Jesaja und Jeremia, ²1965, 54.

85 Wie es manche zu sehen belieben; namentlich E. SELLIN, Das Zwölfprophetenbuch, KAT XII/1, ²·³1929, 256; J.D.W. WATTS, Vision and Prophecy in Amos, 1958, 36-38 oder J.L. MAYS, Amos, OTL, 1969, 141.

86 Nur mit klimaktischem Effekt. In der dritten Vision: Feindeinbruch und -einwirkung bis hinein in Israels Mitte. In der vierten: dessen gänzliches Ende. Es braucht kaum gesagt zu werden, daß diese Steigerung der Analogie im wesentlichen keinen Abbruch tut.

87 Dazu etwa M. SAEBØ in ThWAT III, 1982, 584. Literaturhinweise ebd. 561.

totaliter umgekehrt wird. Denen, die Amos anspricht, erschien dieser Tag höchst wünschenswert, in ähnlichem Licht wie der Midianstag [88], als Zeitpunkt für das Einschreiten ihres Gottes wider die Feinde und zu Israels Heil und Gunsten. Der Prophet versetzt ihn unversehens in ein anderes Licht. Oder besser gesagt: in Licht-losigkeit, Finsternis. Seine Zuhörer ahnen gar nicht - darum der Weheruf über sie! -, was sie sich da herbeiwünschen: Einen Tag, der unter der Hand, unter der Hand des nun nicht mehr zum Verschonen bereiten Gottes[89], sich in seiner Stoßrichtung umgekehrt hat; zu einem Tag, an dem das Jahwevolk, im Bilde gesprochen, nicht mehr vom Löwen zum Bären und vom Bären ins Haus entwischt, sondern mit der Hand, die die Stütze sucht, in den Todesbiß der Schlange hineingreift. Konversion des Konzepts vom Jahwetag! Konversion von derselben Art wie beim Zinn in der dritten Vision!

So wie dieses Konzept wirbelt auch noch manches andere, von der Prophetie des Propheten aufgegriffen, in die Gegenrichtung herum. So in Am 3,12[90] der Gedanke, es werde doch wohl ein Rest des Volks, wenn schon nicht das ganze, dem grassierenden Unheil "entrissen" werden. Er wird, schneller als sich's einer versieht, so herumgedreht, daß er sich aufhebt: Rettung eines Rests im letzten Momente - ja! Aber so, daß mit diesem Rest nichts anderes als der Totalverlust des Ganzen - einem alten Rechtsbrauch gemäß[91] - nachweisbar wird! - Entsprechend verkehrt wird die Israel liebe Vorstellung, von seinem Gott exklusiv "erkannt", in ein besonders trautes (und betrauendes) Verhältnis hineinerwählt zu sein.

---

88 Dazu Jes 9,3 in Verbindung mit Ri 7.

89 Am 7,8; 8,2.

90 Die Frage der Abgrenzung der Verkündigungseinheit kann hier dahingestellt bleiben.

91 Ex 22,9-12; Codex Hammurapi § 266, TUAT I/1, 1982, 73/74.

Am 3,2[92] bringt in blitzschneller Rotation die Kehrseite der Medaille nach vorn: Exklusiv "erkannt" - ebendeshalb zur Ahndung der Schuld exklusiv zur Verantwortung gezogen! Handelt sich's nicht, hier und dort, strukturell um dieselbe Art Kehre, die beim Zinn in der dritten Vision zu beobachten ist (lieb und wert als Wehr nach außen, dann aber urplötzlich Offensivpotential nach innen)?

Last but not least ist die Aufmerksamkeit auf den Zyklus der Völkersprüche zu lenken, 1,3-2,16. Nach des Propheten Verständnis, der sich querdurch der Botenspruchformel und korrespondierend der Gottesrede im Ich-Stil bedient, wendet sich Jahwe, er selbst, reihum an die Völker. Nota bene zuerst an die Fremdvölker! Nicht an alle, die im überkommenen, ohne Zweifel erweiterten Texte bedacht sind. Wohl aber, primär, an eine stattliche Reihe von ihnen[93]. An welche auch immer im einzelnen -, feststeht, daß Gott z u e r s t n a c h a u ß e n gewandt Unheil androht. Mitnichten allein zur Inschutznahme des eigenen Volks. Der, den der Prophet zu Wort kommen läßt, ist anderes und mehr als bloß parteiischer Schutzgott. Es ist einer, der universal zur Verantwortung zieht[94]. Gleichwohl ist klar, daß er für Land und Leute in Israel besonders engagiert ist[95]. Entsprechen dann nicht die Fremdvölkersprüche den Anfangsimpressionen der dritten Vision? Der Allherr auf der Mauer aus Zinn, Zinn in der Hand, im Anfangsstadium nach

---

92 Zu den Fragen der Abgrenzung und Deutung: auch R. SMEND, Das Nein des Amos, 1963, in: Gesammelte Studien, I, BEvTh 99, 1986, 90!

93 Dazu, wie die Auswahl zu treffen sein könnte, etwa H.W. WOLFF, Dodekapropheton 2, BK XIV/2, z.St.

94 Besonders bedenkenswert - im Rahmen des primären Texts - 2,1.

95 Dazu - im Rahmen des primären Bestands - 1,3b.13b; freilich auch K.A.D. SMELIK, Historische Dokumente aus dem alten Israel, KVR 1528, 1987, 78.

außen gewandt, - in diese und jene Himmelsrichtung, zu diesem und jenem Fremdvolk gekehrt, scheltend und Unheil androhend. - In der Folge der Völkersprüche frappiert die urplötzlich nach innen gezogene Kehre, Am 2,6ff. Der Prophet attackiert unverändert stereotyp, nun aber - Jahwes eigenes Volk im Nordreich! Entspricht nicht auch und erst recht diese jähe Wendung der Dinge, die die Zuhörer des Propheten entsetzt, dem Finale der dritten Vision? Denn am Ende des Visionserlebens, im Medium des Jahweworts, in der Audition, vollzieht sich beim Zinn, genauso überraschend, dieselbe Kehre nach innen: Gott wendet den fulminanten Stoff wider sein eigenes Volk, ist im Begriff, ihn in seine Mitte hineinzustoßen. Ist's also nicht hier und dort, im Zyklus der Völkersprüche und in der dritten Vision, im Grunde genommen dieselbe Entwicklung, dieselbe Bewegung, von A bis Z gleich exekutiert? Unterschiedlich ist nur, daß die Ausgangsposition der Vision - Jahwe noch im Zeichen der Mauer - kaum mehr als die Folie ist, von welcher sich die überraschende Wendung der Dinge, die die Pointe bringt, abhebt. Demgegenüber eignet den Fremdvölkersprüchen mehr Eigengewicht und Eigenwirkung.

Es ist a l l e s i n a l l e m sicherlich nicht zuviel gesagt: Die Grundlinien der Erfahrung in der dritten Vision zeichnen sich in der Verkündigung des Propheten - charakteristisch genug - immer wieder ab. Am deutlichsten wohl in der Komposition der Völkersprüche. Wenn dem so ist, dann darf doch wohl in diesem Befund eine Bestätigung dafür erblickt werden, daß, was in der Erzählung von der dritten (und vierten) Vision an Grundzügen ausgemacht wurde, ganz richtig gesehen ist. Unser Verständnis der dritten Vision, von der Bedeutungsbestimmung "Zinn" her entwickelt, bewährt sich nicht bloß an allen Elementen unseres Textes 7,7-8(.9), sondern auch - und sogar in erstaunlichem Maß - am Kontext.

* * *

A n h a n g s w e i s e einen letzten Blick ins schon öfter zitierte einschlägige Buch von E. BENZ[96]! Dort steht - wohlfundiert - zu lesen: "Das Charakteristische für die Vision ist ..., daß sie eine tiefgreifende positive Veränderung der Persönlichkeit des von ihr Betroffenen herbeiführt. Zum Teil ist die Vision ... identisch mit der Berufung zu einem neuen Leben oder verknüpft mit einer bestimmten Erkenntnis, die den Menschen aus seinem bisherigen Zustand herausreißt und seinem Leben einen neuen Sinn und Inhalt gibt und zu einer neuen Zielsetzung seines Willens führt. Häufig erhält der Empfänger der Vision in ihr einen ganz bestimmten Auftrag, der ihn vollständig aus seiner bisherigen Willens- und Lebensrichtung wirft." Auch beim vorliegenden alttestamentlichen Fall trifft diese Charakterisierung zu, bei Amos, dem "Seher" חֹזֶה, 7,12. Zumal ja auch erzählt wird, dieser sei aus seinen bisherigen Lebensumständen - von Gott wohlgemerkt! - zu einem ganz neuen Auftrag "weggeholt" worden, 7,14.15[97]. Bestimmt die dritte Vision (wie auch die vierte und fünfte und die erste und zweite) derart das folgende Wirken des Propheten, muß es dann nicht - notwendigerweise - zu Entsprechungen in seiner Verkündigung kommen, zu Widerspiegelungen der visionären Erfahrung in Grundzügen, zur Geltendmachung des visionär Erlebten in verschiedenen Zusammenhängen, ganz so wie aufgewiesen? Wären Entsprechungen nicht festzustellen gewesen (hypothetisch gesprochen; sie waren es ja!), so hätte die dritte Vision - horribile dictu - zur Halluzination erklärt werden müssen. Denn nur diese ist, Gesundung von ihr vorausgesetzt, o h n e Auswirkungen bei dem, der von ihr betroffen gewesen ist[98]. Die er-

---

96 Die Vision. Erfahrungsformen und Bilderwelt, 1969, 86.

97 Was nicht aus der Luft gegriffen ist. Auch dann nicht, wenn P.R. ACKROYD mit seiner Frage in die richtige Richtung zielen sollte: A Judgment Narrative between Kings and Chronicles? An Approach to Amos 7.9-17, in: Studies in the Religious Tradition of the Old Testament, 1987, 195ff.

98 Auch dazu E. BENZ, a.a.O.

wiesene Tatsache, daß sich die dritte Vision - mehr als einmal - in der Verkündigung des Propheten strukturell widerspiegelt, verwehrt es endgültig, sie psychopathologisch als Halluzination zu deuten[99]. Ein Ergebnis am Rande, nicht ohne Belang fürs Ganze!

---

99 Bedenkenswert in der Folge H. Jonas, Im Kampf um die Möglichkeit des Glaubens, 1976/77, in: Wissenschaft als persönliches Erlebnis, Sammlung Vandenhoeck 1987, 70ff.

7: So ließ er[100] mich sehen[101]:
Sieh! der Allherr, postiert auf der Mauer aus Zinn[101];
in der Hand Zinn!

8: Da sagte Jahwe zu mir:
"Was siehst du, Amos?"
Da sagte ich:
"Zinn."
Da sagte der Allherr:
"Sieh! ich bin dabei, Zinn mitten hinein in mein Volk Israel zu bringen. Nicht noch einmal gehe ich (schonend) an ihm vorüber!"

(Zusatz)
9: "Dann werden Isaaks Höhen verödet,
Israels Heiligtümer verheert,
und ich erheb' mich wider Jerobeams Haus mit dem Schwert!"

---

100 Bedacht werden muß: Der Abschnitt ist Teil der von Amos gefertigten Niederschrift, in der er in (einstmals) ununterbrochener Folge seine Visionserlebnisse erzählt. Unmittelbar voraufgehend, am Schluß von v. 6, nennt er Jahwe. Also kann er es hier nicht gleich wieder tun. Mithin "er".

101 Zur (Nicht-)Wiedergabe der folgenden Copula siehe R. MEYER, Hebräische Grammatik, III, SG 5765, [3]1972, 91, 3a!

Abkürzungsverzeichnis

BEvTh	Beiträge zur evangelischen Theologie, München.
BHH	Biblisch-historisches Handwörterbuch, Göttingen.
BHS	Biblia Hebraica Stuttgartensia, Stuttgart.
Bib.	Biblica, Rom.
BK	Biblischer Kommentar. Altes Testament, Neukirchen-Vluyn.
BRL	Biblisches Reallexikon, Tübingen.
BZAW	Beihefte zur Zeitschrift für die alttestamentliche Wissenschaft, Berlin u.a.
CAT	Commentaire de l'Ancien Testament, Neuchâtel.
HK	Handkommentar zum Alten Testament, Göttingen.
JBL	Journal of Biblical Literature, Philadelphia, Pa.
JNES	Journal of Near Eastern Studies, Chicago.
KAT	Kommentar zum Alten Testament, Leipzig u.a./Gütersloh.
KGAW	Kulturgeschichte der antiken Welt, Mainz.
KVR	Kleine Vandenhoeck-Reihe, Göttingen.
NEB	Die neue Echter Bibel, Würzburg.
OTL	The Old Testament Library, London.
RB	Revue biblique, Paris.
SG	Sammlung Göschen, Berlin u.a.
ThWAT	Theologisches Wörterbuch zum Alten Testament, Stuttgart u.a.
TUAT	Texte aus der Umwelt des Alten Testaments, Gütersloh.
VT	Vetus Testamentum, Leiden.
WMANT	Wissenschaftliche Monographien zum Alten und Neuen Testament, Neukirchen-Vluyn.
ZA	Zeitschrift für Assyriologie und vorderasiatische Archäologie, Leipzig u.a.
ZDMG	Zeitschrift der deutschen morgenländischen Gesellschaft, Wiesbaden u.a.

Literaturverzeichnis

ACKROYD, P.R., A Judgment Narrative between Kings and Chronicles? An Approach to Amos 7.9-17, in: Studies in the Religious Tradition of the Old Testament, London 1987, 195-208.

ADRIAEN, M. (Hg.), S. Hieronymi Presbyteri Opera, I/6, Commentarii in Prophetas Minores, Corpus Christianorum. Series Latina 76, Turnhout 1969.

AHARONY, Y. / AVI-YONAH, M., The Macmillan Bible Atlas, New York. London ²1977.

ALT, A., Hic murus aheneus esto, in: ZDMG 86, 1933, 33-48.

AMSLER, S., Amos, CAT XIa, Neuchâtel ²1982.

BARR, J., Comparative Philology and the Text of the Old Testament, Oxford 1968.

BAUMGARTNER, W., Hebräisches und aramäisches Lexikon zum Alten Testament, I, ³1967.

BAUMGARTNER, W. / STAMM, J.J., Hebräisches und aramäisches Lexikon zum Alten Testament, III, ³1983.

BENZ, E., Die Vision. Erfahrungsformen und Bilderwelt, Stuttgart 1969.

BONNET, H., Die Waffen der Völker des alten Orients, Leipzig (.Gütersloh) 1926.1977.

BORGER, R. / LUTZMANN, H. / RÖMER, W.H.Ph. / SCHULER, E. von, Rechtsbücher, TUAT I 1, Gütersloh 1982.

BRIGGS, C.A. s. Brown, F.

BROWN, F. / DRIVER, S.R. / BRIGGS, C.A., A Hebrew and English Lexicon of the Old Testament, Oxford 1906.1951.

BRUNET, G., La vision de l'étain, réinterprétation d'Amos VII 7-9, in: VT 16, 1966, 387-395.

BRUNNER, H., Grundzüge der altägyptischen Religion, Grundzüge 50, Darmstadt 1983.

BUDDE, K., Zu Text und Auslegung des Buches Amos. IX. Drei Gesichte vom Untergang Israels, 7,1-9, in: JBL 44, 1925, 63-122.

CHIERA, E., Sumerian Religious Texts, in: Crozer Theological Seminary, Babylonian Publications, I, Upland, Pa., 1924.

CIVIL, M. / GELB, I.J. / LANDSBERGER, B. / OPPENHEIM, A.L. / REINER, E. (Hg.), The Assyrian Dictionary of the Oriental Institute of the University of Chicago, I/2, Chicago 1968.

CONDAMIN, A., Le prêtendu "fil à plomb" de la vision d'Amos, in: RB 9, 1900, 586-594.

DEISSLER, A., Zwölf Propheten, Hosea. Joël. Amos, NEB, Würzburg 1981.

DRIVER, S.R., s. Brown, F.

FALKENSTEIN, A., Sumerische religiöse Texte, in: ZA 56, 1964, 44-129.

FIELD, F. (Hg.), Origenis Hexaplorum quae supersunt sive veterum interpretum graecorum in totum Vetus Testamentum fragmenta, II, Oxford 1875.

FORBES, R.J., Studies in Ancient Technology, VIII.IX, Leiden 1964.

GELB, I.J., s. Civil, M.

GRAPOW, H., Die bildlichen Ausdrücke des Aegyptischen. Vom Denken und Dichten einer altorientalischen Sprache, Leipzig 1924.

HAAS, V., Hethitische Berggötter und Hurritische Steindämonen. Riten, Kulte und Mythen. Eine Einführung in die altkleinasiatischen religiösen Vorstellungen, KGAW 10, 1982.

HIERONYMUS, s. Adriaen, M.

HOLLADAY, W.H., Once more, ᵓanak = tin, Amos VII,7-8, in: VT 20, 1970, 492-494.

JEREMIAS, J., Theophanie. Die Geschichte einer alttestamentlichen Gattung, WMANT 10, Neukirchen-Vluyn ^{2}1977.

JONAS, H., Im Kampf um die Möglichkeit des Glaubens. Erinnerungen an Rudolf Bultmann und Betrachtungen zum philosophischen Aspekt seines Werkes, 1976/77, in: Wissenschaft als persönliches Erlebnis, Sammlung Vandenhoeck, Göttingen 1987, 47-75.

JUNKER, H., Text und Bedeutung der Vision Amos 7,7-9, in: Bib. 17, 1936, 359-364.

KENYON, K.M., Archäologie im Heiligen Land, Neukirchen-Vluyn ^{2}1976.

KNIERIM, R., Baukunst, in: BHH I, 1962, 205-206.

KNUDTZON, J.A. (Hg.), Die El-Amarna-Tafeln, I.II, Aalen 1915.1964.

LANDSBERGER, B., s. Civil, M.

-, Tin and Lead: the Adventures of Two Vocables, JNES 24, 1965, 285-296.

LIDDELL, H.G. / SCOTT, R. (Hg.), A Greek-English Lexicon, Oxford reprint 1968.

LURKER, M., Wörterbuch biblischer Bilder und Symbole, München 1973. ²1978.

LUTZMANN, H., s. Borger, R.

MAYS, J.L., Amos. A Commentary, OTL, 1969.

MERCER, S.A.B. (Hg.), The Tell El-Amarna Tablets, II, Toronto 1939.

MEYER, R., Hebräische Grammatik, III, SG 5765, ³1972.

MOOREY, P.R.S., Copper and Copper Alloys in Ancient Iraq, Syria and Palestine: Some New Analyses, in: Archaeometry. The Bulletin of the Research Laboratory for Archaeology and the History of Art, Oxford University, 14/2, Cambridge 1972, 177-198.

MUMFORD, L., City Invincible, s. Benz, E., 358.682.

NOWACK, W., Die Kleinen Propheten, HK III 4, Göttingen ²1903.

OPPENHEIM, A.L., s. Civil, M.

RAHLFS, A., Septuaginta, Stuttgart 1953.1979.

REINER, E., s. Civil, M.

RÖMER, W.H.Ph., s. Borger, R.

RUDOLPH, W., Joel - Amos - Obadja - Jona, KAT XIII 2, Gütersloh 1971.

SAEBØ, M., יוֹם jôm, in: ThWAT III, 1982, 566-586.

SCHULER, E. von, s. Borger, R.

SCOTT, R., s. Liddell, H.G.

SEIERSTAD, I.P., Die Offenbarungserlebnisse der Propheten Amos, Jesaja und Jeremia. Eine Untersuchung der Erlebnisvorgänge unter besonderer Berücksichtigung ihrer religiös-sittlichen Art und Auswirkung, Oslo ²1965.

SELLIN, E., Das Zwölfprophetenbuch. Hosea - Micha, KAT XII 1, Leipzig ²·³1929.

SILVER, M., Economic Structures of The Ancient Near East, London & Sydney 1985.

SMELIK, K.A.D., Historische Dokumente aus dem alten Israel, KVR 1528, Göttingen 1987.

SMEND, R., Das Nein des Amos, 1963, in: Gesammelte Studien, I, Die Mitte des Alten Testaments, BEvTh 99, 1986, 85-103.

SMITTEN, W.Th. IN DER, חוֹמָה ḥômāh, in: ThWAT II, 1977, 806-811.

SODEN, W. von, Akkadisches Handwörterbuch, I, Wiesbaden 1965.

SOGGIN, A., Judges, OTL, 1981.

SPERBER, A., The Bible in Aramaic According to Targum Jonathan, The Latter Prophets, III, Leiden 1962.

STAMM, J.J., s. Baumgartner, W.

SWETE, H.B. (Hg.), The Old Testament in Greek According to the Septuagint, II, Cambridge [3]1907.

WALTON, B. (Hg.), Biblia Sacra Polyglotta, III, reprint Graz 1964.

WATTS, J.D.W., Vision and Prophecy in Amos, Leiden 1958.

WEBER, R. (Hg.), Biblia sacra iuxta vulgatam versionem, II, Stuttgart 1969.

WEIPPERT, M., Metall und Metallverarbeitung, in: BRL, [2]1977, 219-224.

WEISER, A., Das Buch der zwölf kleinen Propheten. I. Die Propheten: Hosea, Joel, Amos, Obadja, Jona, Micha, ATD 24, Göttingen [5]1967.

-, Die Profetie des Amos, BZAW 53, 1929.

WILLIAMS, R.J., The Fable in the Ancient Near East, in: A Stubborn Faith, FS Irwin, W.A., hg. v. Hobbs, E.C., Dallas 1956, 3-26.

WILPERT, G. von, Sachwörterbuch der Literatur, Stuttgart [6]1979.

WOLFF, H.W., Dodekapropheton 2. Joel und Amos, BK XIV 2, 1969. [2]1975.

YADIN, Y., The Art of Warfare in Biblical Lands in the Light of Archaeological Discovery, London 1963.

ORBIS BIBLICUS ET ORIENTALIS

Bd. 1 OTTO RICKENBACHER: *Weisheitsperikopen bei Ben Sira.* X–214–15* Seiten. 1973. Vergriffen.

Bd. 2 FRANZ SCHNIDER: *Jesus der Prophet.* 298 Seiten. 1973. Vergriffen.

Bd. 3 PAUL ZINGG: *Das Wachsen der Kirche.* Beiträge zur Frage der lukanischen Redaktion und Theologie. 345 Seiten. 1974. Vergriffen.

Bd. 4 KARL JAROŠ: *Die Stellung des Elohisten zur kanaanäischen Religion.* 294 Seiten, 12 Abbildungen. 1982. 2. verbesserte und überarbeitete Auflage.

Bd. 5 OTHMAR KEEL: *Wirkmächtige Siegeszeichen im Alten Testament.* Ikonographische Studien zu Jos 8, 18–26; Ex 17, 8–13; 2 Kön 13, 14–19 und 1 Kön 22, 11. 232 Seiten, 78 Abbildungen. 1974. Vergriffen.

Bd. 6 VITUS HUONDER: *Israel Sohn Gottes.* Zur Deutung eines alttestamentlichen Themas in der jüdischen Exegese des Mittelalters. 231 Seiten. 1975.

Bd. 7 RAINER SCHMITT: *Exodus und Passa. Ihr Zusammenhang im Alten Testament.* 124 Seiten. 1982. 2. neubearbeitete Auflage.

Bd. 8 ADRIAN SCHENKER: *Hexaplarische Psalmenbruchstücke.* Die hexaplarischen Psalmenfragmente der Handschriften Vaticanus graecus 752 und Canonicianus graecus 62. Einleitung, Ausgabe, Erläuterung. XXVIII–446 Seiten. 1975.

Bd. 9 BEAT ZUBER: *Vier Studien zu den Ursprüngen Israels.* Die Sinaifrage und Probleme der Volks- und Traditionsbildung. 152 Seiten. 1976. Vergriffen.

Bd. 10 EDUARDO ARENS: *The* ΗΛΘΟΝ-*Sayings in the Synoptic Tradition.* A Historico-critical Investigation. 370 Seiten. 1976.

Bd. 11 KARL JAROŠ: *Sichem.* Eine archäologische und religionsgeschichtliche Studie, mit besonderer Berücksichtigung von Jos 24. 280 Seiten, 193 Abbildungen. 1976.

Bd. 11a KARL JAROŠ/BRIGITTE DECKERT: *Studien zur Sichem-Area.* 81 Seiten, 23 Abbildungen. 1977.

Bd. 12 WALTER BÜHLMANN: *Vom rechten Reden und Schweigen.* Studien zu Proverbien 10–31. 371 Seiten. 1976.

Bd. 13 IVO MEYER: *Jeremia und die falschen Propheten.* 155 Seiten. 1977. Vergriffen.

Bd. 14 OTHMAR KEEL: *Vögel als Boten.* Studien zu Ps 68,12–14, Gen 8,6–12, Koh 10,20 und dem Aussenden von Botenvögeln in Ägypten. – Mit einem Beitrag von Urs Winter zu Ps 56, 1 und zur Ikonographie der Göttin mit der Taube. 164 Seiten, 44 Abbildungen. 1977.

Bd. 15 MARIE-LOUISE GUBLER: *Die frühesten Deutungen des Todes Jesu.* Eine motivgeschichtliche Darstellung aufgrund der neueren exegetischen Forschung. XVI–424 Seiten. 1977. Vergriffen.

Bd. 16 JEAN ZUMSTEIN: *La condition du croyant dans l'Evangile selon Matthieu.* 467 pages. 1977. Epuisé.

Bd. 17 FRANZ SCHNIDER: *Die verlorenen Söhne.* Strukturanalytische und historisch-kritische Untersuchungen zu Lk 15. 105 Seiten. 1977.

Bd. 18 HEINRICH VALENTIN: *Aaron.* Eine Studie zur vor-priesterschriftlichen Aaron-Überlieferung. VIII–441 Seiten. 1978.

Bd. 19 MASSÉO CALOZ: *Etude sur la LXX origénienne du Psautier.* Les relations entre les leçons des Psaumes du Manuscrit Coislin 44, les Fragments des Hexaples et le texte du Psautier Gallican. 480 pages. 1978.

Bd. 20 RAPHAEL GIVEON: *The Impact of Egypt on Canaan.* Iconographical and Related Studies. 156 Seiten, 73 Abbildungen. 1978.

Bd. 21 DOMINIQUE BARTHÉLEMY: *Etudes d'histoire du texte de l'Ancien Testament.* XXV–419 pages. 1978. Vergriffen.

Bd. 22/1 CESLAS SPICQ: *Notes de Lexicographie néo-testamentaire.* Tome I: p. 1–524. 1978. Epuisé.

Bd. 22/2 CESLAS SPICQ: *Notes de Lexicographie néo-testamentaire.* Tome II: p. 525–980. 1978. Epuisé.

Bd. 22/3 CESLAS SPICQ: *Notes de Lexicographie néo-testamentaire.* Supplément. 698 pages. 1982.

Bd. 23 BRIAN M. NOLAN: *The Royal Son of God.* The Christology of Matthew 1–2 in the Setting of the Gospel. 282 Seiten. 1979.

Bd. 24 KLAUS KIESOW: *Exodustexte im Jesajabuch.* Literarkritische und motivgeschichtliche Analysen. 221 Seiten. 1979.

Bd. 25/1 MICHAEL LATTKE: *Die Oden Salomos in ihrer Bedeutung für Neues Testament und Gnosis.* Band I. Ausführliche Handschriftenbeschreibung. Edition mit deutscher Parallel-Übersetzung. Hermeneutischer Anhang zur gnostischen Interpretation der Oden Salomos in der Pistis Sophia. XI–237 Seiten. 1979.

Bd. 25/1a MICHAEL LATTKE: *Die Oden Salomos in ihrer Bedeutung für Neues Testament und Gnosis.* Band Ia. Der syrische Text der Edition in Estrangela Faksimile des griechischen Papyrus Bodmer XI. 68 Seiten. 1980.

Bd. 25/2 MICHAEL LATTKE: *Die Oden Salomos in ihrer Bedeutung für Neues Testament und Gnosis.* Band II. Vollständige Wortkonkordanz zur handschriftlichen, griechischen, koptischen, lateinischen und syrischen Überlieferung der Oden Salomos. Mit einem Faksimile des Kodex N. XVI–201 Seiten. 1979.

Bd. 25/3 MICHAEL LATTKE: *Die Oden Salomos in ihrer Bedeutung für Neues Testament und Gnosis.* Band III. XXXIV–478 Seiten. 1986.

Bd. 26 MAX KÜCHLER: *Frühjüdische Weisheitstraditionen.* Zum Fortgang weisheitlichen Denkens im Bereich des frühjüdischen Jahweglaubens. 703 Seiten. 1979. Vergriffen.

Bd. 27 JOSEF M. OESCH: *Petucha und Setuma.* Untersuchungen zu einer überlieferten Gliederung im hebräischen Text des Alten Testaments. XX–392–37* Seiten. 1979.

Bd. 28 ERIK HORNUNG/OTHMAR KEEL (Herausgeber): *Studien zu altägyptischen Lebenslehren.* 394 Seiten. 1979.

Bd. 29 HERMANN ALEXANDER SCHLÖGL: *Der Gott Tatenen.* Nach Texten und Bildern des Neuen Reiches. 216 Seiten, 14 Abbildungen. 1980.

Bd. 30 JOHANN JAKOB STAMM: *Beiträge zur Hebräischen und Altorientalischen Namenkunde.* XVI–264 Seiten. 1980.

Bd. 31 HELMUT UTZSCHNEIDER: *Hosea - Prophet vor dem Ende.* Zum Verhältnis von Geschichte und Institution in der alttestamentlichen Prophetie. 260 Seiten. 1980.

Bd. 32 PETER WEIMAR: *Die Berufung des Mose.* Literaturwissenschaftliche Analyse von Exodus 2,23–5,5. 402 Seiten. 1980.

Bd. 33 OTHMAR KEEL: *Das Böcklein in der Milch seiner Mutter und Verwandtes.* Im Lichte eines altorientalischen Bildmotivs. 163 Seiten, 141 Abbildungen. 1980.

Bd. 34 PIERRE AUFFRET: *Hymnes d'Egypte et d'Israël.* Etudes de structures littéraires. 316 pages, 1 illustration. 1981.

Bd. 35 ARIE VAN DER KOOIJ: *Die alten Textzeugen des Jesajabuches.* Ein Beitrag zur Textgeschichte des Alten Testaments. 388 Seiten. 1981.

Bd. 36 CARMEL McCARTHY: *The Tiqqune Sopherim and Other Theological Corrections in the Masoretic Text of the Old Testament.* 280 Seiten. 1981.

Bd. 37 BARBARA L. BEGELSBACHER-FISCHER: *Untersuchungen zur Götterwelt des Alten Reiches im Spiegel der Privatgräber der IV. und V. Dynastie.* 336 Seiten. 1981.

Bd. 38 MÉLANGES DOMINIQUE BARTHÉLEMY. *Etudes bibliques offertes à l'occasion de son 60e anniversaire.* Edités par Pierre Casetti, Othmar Keel et Adrian Schenker. 724 pages, 31 illustrations. 1981.

Bd. 39 ANDRÉ LEMAIRE: *Les écoles et la formation de la Bible dans l'ancien Israël.* 142 pages, 14 illustrations. 1981.

Bd. 40 JOSEPH HENNINGER: *Arabica Sacra.* Aufsätze zur Religionsgeschichte Arabiens und seiner Randgebiete. Contributions à l'histoire religieuse de l'Arabie et de ses régions limitrophes. 347 Seiten. 1981.

Bd. 41 DANIEL VON ALLMEN: *La famille de Dieu.* La symbolique familiale dans le paulinisme. LXVII–330 pages, 27 planches. 1981.

Bd. 42 ADRIAN SCHENKER: *Der Mächtige im Schmelzofen des Mitleids.* Eine Interpretation von 2 Sam 24. 92 Seiten. 1982.

Bd. 43 PAUL DESELAERS: *Das Buch Tobit.* Studien zu seiner Entstehung, Komposition und Theologie. 532 Seiten + Übersetzung 16 Seiten. 1982.

Bd. 44 PIERRE CASETTI: *Gibt es ein Leben vor dem Tod?* Eine Auslegung von Psalm 49. 315 Seiten. 1982.

Bd. 45 FRANK-LOTHAR HOSSFELD: *Der Dekalog.* Seine späten Fassungen, die originale Komposition und seine Vorstufen. 308 Seiten. 1982. Vergriffen.

Bd. 46 ERIK HORNUNG: *Der ägyptische Mythos von der Himmelskuh.* Eine Ätiologie des Unvollkommenen. Unter Mitarbeit von Andreas Brodbeck, Hermann Schlögl und Elisabeth Staehelin und mit einem Beitrag von Gerhard Fecht. XII–129 Seiten, 10 Abbildungen. 1982.

Bd. 47 PIERRE CHERIX: *Le Concept de Notre Grande Puissance (CG VI, 4).* Texte, remarques philologiques, traduction et notes. XIV–95 pages. 1982.

Bd. 48 JAN ASSMANN/WALTER BURKERT/FRITZ STOLZ: *Funktionen und Leistungen des Mythos.* Drei altorientalische Beispiele. 118 Seiten, 17 Abbildungen. 1982. Vergriffen.

Bd. 49 PIERRE AUFFRET: *La sagesse a bâti sa maison.* Etudes de structures littéraires dans l'Ancien Testament et spécialement dans les psaumes. 580 pages. 1982.

Bd. 50/1 DOMINIQUE BARTHÉLEMY: *Critique textuelle de l'Ancien Testament.* 1. Josué, Juges, Ruth, Samuel, Rois, Chroniques, Esdras, Néhémie, Esther. Rapport final du Comité pour l'analyse textuelle de l'Ancien Testament hébreu institué par l'Alliance Biblique Universelle, établi en coopération avec Alexander R. Hulst †, Norbert Lohfink, William D. McHardy, H. Peter Rüger, coéditeur, James A. Sanders, coéditeur. 812 pages. 1982.

Bd. 50/2 DOMINIQUE BARTHÉLEMY: *Critique textuelle de l'Ancien Testament.* 2. Isaïe, Jérémie, Lamentations. Rapport final du Comité pour l'analyse textuelle de l'Ancien Testament hébreu institué par l'Alliance Biblique Universelle, établi en coopération avec Alexander R. Hulst †, Norbert Lohfink, William D. McHardy, H. Peter Rüger, coéditeur, James A. Sanders, coéditeur. 1112 pages. 1986.

Bd. 51 JAN ASSMANN: *Re und Amun.* Die Krise des polytheistischen Weltbilds im Ägypten der 18.–20. Dynastie. XII–309 Seiten. 1983.

Bd. 52 MIRIAM LICHTHEIM: *Late Egyptian Wisdom Literature in the International Context.* A Study of Demotic Instructions. X–240 Seiten. 1983.

Bd. 53 URS WINTER: *Frau und Göttin.* Exegetische und ikonographische Studien zum weiblichen Gottesbild im Alten Israel und in dessen Umwelt. XVIII–928 Seiten, 520 Abbildungen. 1983. 2. Auflage mit einem Nachwort, 8 Seiten. 1987.

Bd. 54 PAUL MAIBERGER: *Topographische und historische Untersuchungen zum Sinaiproblem.* Worauf beruht die Identifizierung des Ǧabal Mūsā mit dem Sinai? 189 Seiten, 13 Tafeln. 1984.

Bd. 55 PETER FREI/KLAUS KOCH: *Reichsidee und Reichsorganisation im Perserreich.* 119 Seiten, 17 Abbildungen. 1984. Vergriffen.

Bd. 56 HANS-PETER MÜLLER: *Vergleich und Metapher im Hohenlied.* 59 Seiten. 1984.

Bd. 57 STEPHEN PISANO: *Additions or Omissions in the Books of Samuel.* The Significant Pluses and Minuses in the Massoretic, LXX and Qumran Texts. XIV–295 Seiten. 1984.

Bd. 58 ODO CAMPONOVO: *Königtum, Königsherrschaft und Reich Gottes in den Frühjüdischen Schriften.* XVI–492 Seiten. 1984.

Bd. 59 JAMES KARL HOFFMEIER: *Sacred in the Vocabulary of Ancient Egypt.* The Term *D̠SR,* with Special Reference to Dynasties I–XX. XXIV–281 Seiten, 24 Figures. 1985.

Bd. 60 CHRISTIAN HERRMANN: *Formen für ägyptische Fayencen.* Katalog der Sammlung des Biblischen Instituts der Universität Freiburg Schweiz und einer Privatsammlung. XXVIII-199 Seiten. 1985.

Bd. 61 HELMUT ENGEL: *Die Susanna-Erzählung.* Einleitung, Übersetzung und Kommentar zum Septuaginta-Text und zur Theodition-Bearbeitung. 205 Seiten + Anhang 11 Seiten. 1985.

Bd. 62 ERNST KUTSCH: *Die chronologischen Daten des Ezechielbuches.* 82 Seiten. 1985.

Bd. 63 MANFRED HUTTER: *Altorientalische Vorstellungen von der Unterwelt.* Literar- und religionsgeschichtliche Überlegungen zu «Nergal und Ereškigal». VIII–187 Seiten. 1985.

Bd. 64 HELGA WEIPPERT/KLAUS SEYBOLD/MANFRED WEIPPERT: *Beiträge zur prophetischen Bildsprache in Israel und Assyrien.* IX–93 Seiten. 1985.

Bd. 65 ABDEL-AZIZ FAHMY SADEK: *Contribution à l'étude de l'Amdouat.* Les variantes tardives du Livre de l'Amdouat dans les papyrus du Musée du Caire. XVI–400 pages, 175 illustrations. 1985.

Bd. 66 HANS-PETER STÄHLI: *Solare Elemente im Jahweglauben des Alten Testaments.* X–60 Seiten. 1985.

Bd. 67 OTHMAR KEEL / SILVIA SCHROER: *Studien zu den Stempelsiegeln aus Palästina/Israel.* Band I. 115 Seiten, 103 Abbildungen. 1985.

Bd. 68 WALTER BEYERLIN: *Weisheitliche Vergewisserung mit Bezug auf den Zionskult.* Studien zum 125. Psalm. 96 Seiten. 1985.

Bd. 69 RAPHAEL VENTURA: *Living in a City of the Dead.* A Selection of Topographical and Administrative Terms in the Documents of the Theban Necropolis. XII–232 Seiten. 1986.

Bd. 70 CLEMENS LOCHER: *Die Ehre einer Frau in Israel.* Exegetische und rechtsvergleichende Studien zu Dtn 22,13–21. XVIII–464 Seiten. 1986.

Bd. 71 HANS-PETER MATHYS: *Liebe deinen Nächsten wie dich selbst.* Untersuchungen zum alttestamentlichen Gebot der Nächstenliebe (Lev 19,18). XIV–196 Seiten. 1986.

Bd. 72 FRIEDRICH ABITZ: *Ramses III. in den Gräbern seiner Söhne.* 156 Seiten. 1986.

Bd. 73 DOMINIQUE BARTHÉLEMY/DAVID W. GOODING/JOHAN LUST/EMANUEL TOV: *The Story of David and Goliath.* 160 Seiten. 1986.

Bd. 74 SILVIA SCHROER: *In Israel gab es Bilder.* Nachrichten von darstellender Kunst im Alten Testament. XVI–553 Seiten, 146 Abbildungen. 1987.

Bd. 75 ALAN R. SCHULMAN: *Ceremonial Execution and Public Rewards.* Some Historical Scenes on New Kingdom Private Stelae. 296 Seiten. 41 Abbildungen. 1987.

Bd. 76 JOŽE KRAŠOVEC: *La justice (Ṣdq) de Dieu dans la Bible hébraïque et l'interprétation juive et chrétienne.* 456 pages. 1988.

Bd. 77 HELMUT UTZSCHNEIDER: *Das Heiligtum und das Gesetz.* Studien zur Bedeutung der sinaitischen Heiligtumstexte (Ez 25–40; Lev 8–9). XIV–326 Seiten. 1988.

Bd. 78 BERNARD GOSSE: *Isaie 13,1-14,23.* Dans la tradition littéraire du livre d'Isaïe et dans la tradition des oracles contre les nations. 308 pages. 1988.

Bd. 79 INKE W. SCHUMACHER: *Der Gott Sopdu - Der Herr der Fremdländer.* XVI–364 Seiten. 6 Abbildungen. 1988.

Bd. 80 HELLMUT BRUNNER: *Das hörende Herz.* Kleine Schriften zur Religions- und Geistesgeschichte Ägyptens. Herausgegeben von Wolfgang Röllig. 449 Seiten. 1988.

Bd. 81 WALTER BEYERLIN: *Bleilot, Brecheisen oder was sonst?* Revision einer Amos-Vision. 68 Seiten. 1988.

Bd. 82 MANFRED HUTTER: *Behexung, Entsühnung und Heilung.* Das Ritual der Tunnawiya für ein Königspaar aus mittelhethitischer Zeit (KBo XXI 1 – KUB IX 34 – KBo XXI 6). 186 Seiten. 1988.

Bd. 83 RAPHAEL GIVEON: *Scarabs from recent Excavations in Israel.* 134 Seiten, 12 Seiten Abbildungen. 1988.